文化视域中的高校德育研究

唐雪梅 娄 莹 段晓聪 ◎著

图书在版编目（CIP）数据

文化视域中的高校德育研究 / 唐雪梅，娄莹，段晓聪著. — 北京：中国民主法制出版社，2023.6
ISBN 978-7-5162-3243-9

Ⅰ.①文… Ⅱ.①唐…②娄…③段… Ⅲ.①高等学校—德育工作—研究—中国 Ⅳ.①G641

中国国家版本馆CIP数据核字(2023)第093946号

图书出品人：刘海涛
出版统筹：石 松
责任编辑：刘险涛 吴若楠

书　　名/文化视域中的高校德育研究
作　　者/唐雪梅　娄 莹　段晓聪 著
出版·发行/中国民主法制出版社
地址/北京市丰台区右安门外玉林里7号（100069）
电话/（010）63055259（总编室） 63058068 63057714（营销中心）
传真/（010）63055259
http://www.npcpub.com
E-mail:mzfz@npcpub.com
经销/新华书店
开本/16开　　787毫米×1092毫米
印张/13　　字数/200千字
版本/2023年8月第1版　2023年8月第1次印刷
印刷/廊坊市源鹏印务有限公司
书号/978-7-5162-3243-9
定价/58.00元
出版声明/版权所有，侵权必究。

（如有缺页或倒装，本社负责退款）

前言

高度重视德育改革已经成为世界发展趋势，不论是发达国家还是发展中国家，都意识到德育改革的必要性和迫切性，越来越多的国家纷纷采取具体措施，大力加强学校德育建设。例如，坚持德育的连续化和统一性，注重德育的实用性和实效性，强调内容的多样性与层次性，等等，都取得了一定的成效。在党和国家的高度重视下，在广大德育工作者的辛勤劳动、刻苦钻研下，我国高校德育工作取得了巨大的进步，成绩喜人。但是，由于我们现在处于新时期，新时期的一些特点和出现的一些现象，给高校德育工作带来了一些困难。西方现代文化思潮的传入，社会主义市场经济的负面影响，科学技术的高速发展和互联网的广泛应用等，对大学生的世界观、人生观、价值观和道德观造成了一定的冲击。

随着全球化和信息化的深入发展，大学生的思想道德观念逐渐呈现出多元的态势和新的发展特点，他们中的一部分人不同程度地存在着政治信仰迷茫、理想信念模糊、价值取向扭曲、社会责任缺乏，心理素质欠佳、艰苦奋斗意识淡薄、团结协作观念较差等问题。当前大学生中存在的这一状况，使得德育在高校的首要地位和在人才培养中的关键作用更加凸显出来。尽管多年来广大高等教育工作者已经认识到了德育的重要性，并且在德育实践中做了许多探索和研究，取得了不少成绩，但是德育的实际效果仍然存在许多不尽如人意的地方，尤其德育实效性不高的境况长期存在。因此，如何在社会转型和世界巨变的新时期提高高校德育的实效性，构建和创新德育体系，成为一个亟须解决的问题。

目录

第一章 高校德育概述 1
 第一节 高校德育方法的知识 1
 第二节 高校德育方法的发展与创新 8
 第三节 高校德育功能系统结构 22
 第四节 高校德育功能的发展趋势 26

第二章 高校德育文化的构成 33
 第一节 高校德育的文化本质 33
 第二节 高校文化的德育价值 39
 第三节 高校文化德育的基本原理 46

第三章 文化战略与高校德育体系的整合 56
 第一节 文化战略的背景产生 56
 第二节 文化战略与高校德育的关系 60
 第三节 高校德育体系的建构 64

第四章 高校德育机制与理念的创新 82
 第一节 高校德育运行与动力机制创新 82
 第二节 高校德育内生动力机制 86
 第三节 高校德育动力机制的构建 94
 第四节 创新理论指导下的高校德育创新 97
 第五节 以人为本高校德育理念的创新建构 105

第五章 高校德育工作方法的创新 109
 第一节 高校德育工作的内涵 109
 第二节 高校德育工作面临的挑战 115
 第三节 高校德育工作方法的创新 121

第六章 高校德育队伍建设的模式与机制 127
第一节 高校德育队伍的内涵与功能 127
第二节 高校德育队伍的素质分析 131
第三节 高校德育队伍的科学化探索 139

第七章 高校德育环境建设 152
第一节 高校德育环境与学生发展价值 152
第二节 高校德育环境的基本构成 161
第三节 高校德育环境建设的实践 167

第八章 高校德育的实践途径 177
第一节 高校德育与社会环境的适应优化 177
第二节 高校德育子系统的协调互补 184

参考文献 194

第一章 高校德育概述

第一节 高校德育方法的知识

高校德育方法是实现高校德育目标的中介，是提高德育实效性的重要手段，德育内容只有通过有效的德育方法才能被受教育者所接受。研究高校德育方法发展与演变的轨迹，揭示高校德育方法核心的构成及其基本特征，探讨高校德育方法理论发展的规律，对于推进高校德育方法的变革与创新，构建具有时代特色的高校德育方法论体系，具有十分重要的理论意义和现实意义。

一、高校德育方法概述

（一）高校德育方法的内涵与特征

1.高校德育方法的内涵

所谓"方法"，从其实质来说，就是一种运动规律的规定性和活动模式，是人们认识和改造客观世界所必须遵循的途径。方法的意义在于为人们有效地认识对象和有效地改造世界提供指南。就德育体系而言，德育方法是德育活动中各种德育方式或措施的集合体，反映与彰显着德育的目标任务及本质。高校德育方法是为促进高校德育发展，为实现德育目标而运用于教育者与受教育者之间的各种德育手段、方式的总称，其影响和制约着高校德育目标的最终实现程度，是促使德育内容产生德育效果的手段。

高校德育方法的重要地位在于：第一，它是整个德育过程的桥梁和纽带，高校德育目标、任务的实现、教育者与受教育者的信息传递与交流、有赖于正确的德育方法。第二，它是提高德育实效的关键，生成"道德人"的实践活动，达成育人的实效，必须依靠良好的德育方法。第三，它彰显着德育的本质，反映着德育过程的规律与特点。不同的德育对象、不同的德育内容、不同的时空环境，需要不同的德育手段与方式方法，高校德育方法能否准确、适当地运用，直接关系到高校德育发展的整体状况，并影响高校德育工作的预期效果，也正因为如此，德育方法的改革与创新成为高校德育工作的永恒主题。

2. 高校德育方法的特征

高校德育方法作为社会科学方法体系的一部分，既具有其他方法的共同特征，符合方法发展的一般规律，同时在具体的发展内容和发展形式方面又有其自身的特殊性。

第一，高校德育方法的整体性和系统性。高校德育方法的整体性，一是指在德育系统中，德育方法不是孤立地存在的，它与德育各要素包括目标任务等相互依存、相互联系，构成一个不可分割的整体，方法与目标、任务、内容、途径、载体等要素互为前提、相互依存，只有从整体上把握德育各要素之间的关联或联结，德育方法才能实现最佳和最大的功能；二是高校德育方法体系的整体性，主要指高校德育方法体系的组成部分以及各种德育方法之间的关系问题。这表现在高校德育方法内部的协调统一、相互依存、相互促进，是不可分离的整体。由于每种方法的侧重点有所不同，应把这些方法合理组合并运用到高校德育活动的实践中，使各个具体要素都能从整体上发挥其功能。与此同时，由于每种方法在实施过程中都有不同的适用条件，因此，根据高校德育对象的实际情况和特点选择恰当的德育方法，从整体上协调高校德育方法的不同功能，从而达到德育的最佳效果，德育方法的系统性，就是指在全面系统把握高校德育内涵与要素的基础上，对德育方法体系进行科学分类，明晰每一种、每一类方法的适用性、针对性与步骤性，把握体系与要素、要素与要素之间的关系，使各种方法各司其职、各尽其能，以保障高校德育实践的顺利进行。

第二，高校德育方法的多样性与多维性。受高校德育目标、德育任务、德育实践所驱使和制约，高校德育方法呈现多样化特点，而不同时期的德育对象特点、高校德育环境的变化也必然催生高校德育方法的多样化。在高校德育实践中，德育方法多种多样，侧重的角度也各有不同。主要的方法大致包括四类，其中以语言说服教育为主的方法主要有：谈话法、讲授法、讨论法、辩论法等；以实例熏陶为主的方法主要有：典型示范法、情感陶冶法、影视音像法、小品表演法等；以实践培训为主的方法主要有：社会实践法、调查访问法、参观考察法、常规训练法、大型活动法等；以思想评价为主的方法主要有：奖惩激励法、表扬鼓励法、评比选优法、操行评定法等。高校德育方法具有多维性，同一方法，可以从不同角度、不同侧面出发，采用不同的运用方式。比如，同样的灌输法，可以采用激励式灌输、情感式灌输、说理式灌输、案例式灌输等。同样的灌输，既可以是"娓娓而谈"，也可以是"谆谆教导"。对象不同，解决问题的实质也不同，决定了德育方式方法实施的不同维度。

第三，高校德育方法的实践性与操作性。德育的本质在于实践，高校德育方法的实践性就是指德育方法必须指向于德育实践、服务于德育实践，德育实践要求德育方法必须具备有效性，必须满足德育实践也即德育对象的需求。德育是否脱离实践，既取决于德育目标、内容是否脱离实践，更取决于德育方法是否脱离实践，要增强德育的实效性必须注重德育方法的针对性与实效性。因此，高校德育方法的实践性内涵在于：一是高校德育方法必须满足现代高等教育的现实需求，必须满足德育对象的需求；二是高校德育方法必须与大学生的实际生活紧密联结，必须与真实的德育情境相呼应；三是高校德育方法必须适应德育对象与德育环境的变化而变化，始终保持德育方法的针对性、适用性及创新性，在德育实践中永葆新鲜活力与育人实效。德育方法的操作性是指德育方法不仅具有德育目标的指向性，也具有为实现目标而制定的操作系统和实施步骤，也体现着有计划、有系统、有结构的调节德育过程的操作规范。失去对德育方法操作性的重视与研究，德育的实效性就会成为无源之水、无本之木。

第四，高校德育方法的发展性与创新性。既没有一成不变的德育方式方法，也没有一劳永逸的固化的德育方法体系，高校德育方法在社会经济政治发展中不断地发生新的演化与变革。高校德育方法的发展性既体现在由简单到复杂、由单一到多样、由具体到抽象、由特殊到一般、由部分到整体、由封闭到开放、由传统到现代的发展历程，也体现在对传统高校德育方法的精华与糟粕的扬弃、与经济、政治、文化的发展紧密联结、适应时代需要而不断变革，还体现在对多元方法的整合、对方法与手段、途径的组合，对方法的系统化与理论化等方面。高校德育方法的创新性，既指对原有方法的重大改进或另辟蹊径，也指对方法的开发开创研究，或是在一定背景条件下的方法重组和概念重建。事实上，任何方法的发展过程都是方法的创新过程，对方法的任何改革或革新实质都是创新。在不断地演化与变革中，在不断地继承与创新中，高校德育方法得以丰富和发展。因此，要保持和发展高校德育的实效，就必须坚持德育方法的创新性与发展性。

（二）高校德育方法的层次结构

在高校德育方法体系中，各个层次的方法均有，其独特的功能，彼此间相互联系、相互渗透。按照其功能和作用，高校德育方法大致可以划分为以下层次：

1. 高校德育的基本方法

这一层次的方法是高校德育方法体系中抽象层次较高、地位也较高的部分。在高校德育的全过程中，高校德育的基本方法指导和规定其他方法运用的方向、准则和要求，在高校德育方法体系中起着导向、规范的作用。这一层次包括以下四类方法：一是具有原则指导性的诸方法，如实事求是的方法、平等待人的方法、分层次教育的方法、积极引导的方法等；二是具有基础性的常规性的方法，如精神鼓励与物质利益结合方法、言教与身教结合方法、典型教育方法等；三是具有根本路径性质的诸方法，如理论教育法、实践教育法、传播教育法、自我教育法等，缺少这类方法，高校德育将无法进行；四是具有载体性质的方法，如寓教于活动法、环境熏陶法、管理教育法等，这类方法是一种有质无形，论道而不说教的隐性教育方法，这类方法是适应新时期高校德育需要而产生，引起众多学者的重视与探讨。

2. 高校德育的具体方法

这一层次的方法是适用于高校德育纵向过程各主要环节的方法，它受基本方法的指导，在高校德育的各个环节上起主干作用。高校德育的具体方法融科学性、艺术性、针对性于一体，构成高校德育方法纵向发展的主体内容。在德育信息收集中，有观察法、调查法、预测法等；在德育信息的分析中，有因果性分析法、比较分析法、定性定量分析法、系统分析法、典型分析法、矛盾分析法、敏感性分析法等；在德育实施过程中，有说理教育法、情感教育法、激励教育法、典型教育法、后进转化法、冲突缓解法、心理咨询法等；

在德育评估中，有经验评估法和分等加权法等。这些具体方法构成了高校德育方法的主要内容。

3.高校德育的操作方式

这一层次的方法是高校德育具体方法的实际运用，是具体方法在不同范围、不同条件下的特殊方式，它使具体方法更加程序化、规范化，具有较强的应用性。高校德育的操作方式丰富了高校德育方法的内容，扩充了高校德育方法的应用范围。高校德育的每种具体方法都适用于不同条件的多种操作方式，如思想分析方法中，就有矛盾分析法、系统分析法、因果分析法、比较分析法、典型分析法、定性定量分析法等。这些具体的操作方式，运用条件明确，操作方式具体，便于高校德育工作者直接掌握和运用，可增强高校德育的感染力和实际效果。

4.高校德育方法的运用技巧

这一层次是高校德育方法操作的具体方式，是运用高校德育方法的经验，概括高校德育方法的运用技巧使具体方法和操作的具体方式生动、具体，并使高校德育方法更具丰富性、生动性和灵活性。例如，在高校德育的实施中需应用聆听的技巧、谈话的艺术、对比的艺术、疏导的艺术、感染的艺术等。这些高校德育方法的运用技巧是实践经验的长期积累和总结，体现高校德育工作者运用方法的能力，具有鲜明的个性特征和个人风格。充分发挥高校德育方法运用技巧的实际作用，有利于高校德育工作者科学地运用各种德育方法，从而增强高校德育方法的创造性和实效性，使高校德育工作的艺术性和感染力得到提升。

综上所述，以上几个层次方法的划分是相对的，它们各有自己的特点、适用范围和作用，同时彼此之间又是密切联系、不可分割的。在高校德育方法体系中，基本方法不能离开具体方法和操作方式，否则基本方法就会变得抽象空洞不起作用；具体方法和操作方式以及运用技巧也要以基本方法为指导，否则就会不明方向，就事论事，不解决实际问题。

（三）高校德育方法的研究意义

当前，由于社会的变革与人们思想观念的变化，大学生的思想状况出现了许多新问题，高校德育包括高校德育方法面临着前所未有的严峻挑战。因此，加强对高校德育方法的深入研究，对全面提升大学生的思想道德素质具有重大的理论和现实意义。

1. 当前高校德育实践的迫切需要

高校德育的时代背景和环境条件发生了巨大变化，这种巨大变化极大地影响着大学生的思想意识、道德观念和行为方式，对高校德育的目标预设、内容更新、方法创新提出了一系列的新要求。要使大学生思想品德教育获得预期的成效，科学的教育方法是一个必要的条件。更好的高校德育方法能够更加有效地指导德育的实践，并通过实际行动达到德育的目标要求。对高校德育方法的研究，可以回答和缓解高校德育在现实发展中所遭遇的问题，有利于实现高校德育过程中理论与实践的有机结合，引导高校德育工作者掌握德育的规律，提高实施德育活动的能力。对高校德育方法的研究，也能够促进高校德育工作者转变观念，应对挑战，开辟高校德育方法的新天地，使新时期高校德育作提高实效性、针对性、扩大覆盖面、增强影响力，实现高校德育工作的创新，促进高校德育工作的现代化发展。

2. 提高高校德育效果和人才培养质量的需要

高校德育的主要功能就是帮助大学生完成从自然人到社会人的转变，培养他们具有认识社会、适应社会和改造社会的能力。良好的德育方法既是顺利完成德育工作的重要保证，也是德育实践活动中德行内化于心、外化于行的关键环节。加强高校德育方法的研究是培养大学生全面发展的必然要求，只有选择和运用科学而有效的高校德育方法，才能在教书育人、管理育人、服务育人工作中，紧紧围绕高素质人才培养目标与任务，全面整合与提升高校德育的育人功能。

3. 提升高校德育工作者整体素质的需要

高校德育方法的研究可以有效提高德育工作者的整体素质和水平，促进高校德育工作队伍的职业化、专业化、专家化。高校德育工作者的个人思想品德修养和德育理论素养，既关乎其业务水平和工作能力，也反映思想方法和工作方法的科学性，影响其德育工作质量的好坏、水平的高低。高校德育工作者素质的提高，决定了高校德育方法实施的有效性、准确性与实效性。

（四）高校德育方法研究述评

近些年来，国内学术界关于高校德育方法的研究不断深入，理论成果日益增多，大批学术专著及论文从不同侧面对高校德育方法的发展和创新等问题进行了研究。当前学术界关于高校德育方法的研究主要集中在以下几个方面：

1. 关于高校德育方法重要性的研究

高校思想政治工作者要创新大学生思想政治教育方法，提高思想政治教育的针对性与实效性，才能把他们培养成社会主义事业的合格建设者和接班人。

2. 关于高校德育方法类型的研究

我国高校德育实施的主要方法有：课程教学法、党团活动、实践锻炼法、大众传媒、榜样示范法、心理咨询法等。杜勇等人根据高校德育方法的改革和创新的要求，提出了引导式、渗透式、体验式、咨询式以及实现德育手段的现代化等德育方法。其中，科学运用典型示范的方法，确立引导式德育方法；重视校园文化建设，确立渗透式德育方法；拓展高校德育渠道，确立体验式德育方法；贯彻因材施教原则，确定咨询式德育方法；借助大众传播媒介，实现德育手段的现代化。

3. 关于高校德育方法体系的研究

思想政治教育方法体系创新的基本目标，就是要建构一个现代新型的战略制导型思想政治教育方法体系，该体系是以思想政治教育学科理论为基础，以现代信息手段为纽带，以战略制导思想为主导，以思想决策方法和系统调控方法为支柱，集思想政治教育基本方法和特殊方法于一体的现代新型方法体系。

4. 关于高校德育方法创新的研究

在新形势下，大学生的思想政治教育工作出现问题，高校传统思想政治教育方法已经很难适应。必须根据现在的形势，采用扬弃的原则，对高校思想政治教育方法进行创新与发展，以求促进现代高校大学生的健康、全面发展。在新的历史时期，应积极探索高校思想政治教育的新途径和新方法。要增强思想政治上的敏锐性，要以人为本，关心学生，要抓苗头，防微杜渐；要抓热点，明辨是非；抓典型，正确引导；抓实践，让学生了解社会。高校思想政治教育形式的创新从以下三个方面着手：一是重个性化教育，凸显教育对象主体性地位和作用；二是增强教育对象的自我投入意识，充分发挥内塑效应；三是运用网络载体进行思想政治教育形式创新。

目前研究高校德育方法的著作和论文成果丰硕，对当前学术界研究高校德育方法有较大的启发，但仍存在一些较为突出的问题：一是研究高校德育方法理论的成果，缺乏同高校德育方法实践环节的密切联系，因而针对性不足；二是有些成果只停留在高校德育方法的实践层面，理性不足，提升不够，因而指导性欠缺；是对高校德育方法的系统性、整体性研究不够，创新性高水平成果偏少。因此，高校德育方法的研究仍有很大空间，诸如，高校德育方法与高校德育效果的关系、高校德育方法体系构建、高校德育方法的继承与创新等问题都有待进一步深入探究。

第二节 高校德育方法的发展与创新

一、高校德育方法的发展

（一）高校德育方法的发展趋势

第一，由基于社会本位的单一课堂灌输向基于人的发展与社会的发展协调统一的多样化多层化的德育方法拓展。传统高校德育方法形成于计划经济时期，是以社会本位论为指导，以教师、教材、课堂为中心，以单一的课堂灌输为主要形式。在改革开放以前，中国高校的德育十分注重维护社会主义意识形态的统一性，反对和否定思想意识的差异性，在德育方法上非常重视恢复和发扬党的思想政治教育的优良传统，对于确立马克思主义的指导地位、加强社会意识形态功能以及统一整合社会道德价值观念起着积极的特殊作用。受当时社会经济政治环境的制约，高校的德育注重采取灌输、规范的手段与方式，强调德育的社会本质和整体性价值，忽视了德育对象的个性化及内在的主体性。德育的过程是对人道德知、情、意、行的培养过程，以单一灌输为主体的德育方法忽视了德育对象的主体性以及发展的可能性与现实性，面对层出不穷的新道德现象，必然缺乏应有的感染力和吸引力。改革开放以后，世界的开放性、经济的全球化、多元性的文化与价值观冲击着传统的价值观基础，以单一灌输为主体的高校德育方法难以适应时代的需要。从高校德育方法的功能与价值取向看，仅以整体与社会秩序为价值取向，忽视德育本体的育人功能，忽视德育对象的情感体验和判断、选择能力的培养，忽视作为历史主体的人的价值和主体能动作用，必然造成德育效果的低下。

高校德育方法要保持旺盛的生命力，走出德育的低效困境，必须实现德育方法的时代转换。中国从计划经济向市场经济的转型，既给高校的德育带来了挑战也带来了发展的机遇，也不可避免地带来了德育观念的转变、德育方法改革与发展的良好契机。知识的信息化、政治的民主化、价值观的多元化为高校德育方法改革提供了外在的依据，而大学生自我意识的增强、自我发展的追求则为高校德育方法改革创设了内在的依据。德育观念变革的重要特征就是对个性、主体性的重视。多元、多变的社会形势要求重视德育对象的主体地位和自主能动性，要求高校德育在新的环境下加强自主意识、认知能力培养和参与实践精神的塑造。无论是从社会需要出发，还是从人的完善发展出发，高校德育方法的功能价值都要转移到培养受教育者主体的自主性、能动性、创造性，提高道德判断能力和道德选择能力上来，这即是诸多学者达成共识的高校德育方法变革的理论根基。从构建现代高校德育方法体系的角度出发，打破封闭的单一灌输式的德育方法，实施开放的多样化多层化的德育方法，是高校德育方法实现现代化转型的必然走向。在新的历史条件下，许多传统的行之有效的德育方法，如教书育人法、说理教育法、情境陶冶法、榜样示范法、品德评价法、修养指导法等，在不断充实内涵的同时也在实施方式上发生着现代化转变，悄然兴起的引导式、渗透式、体验式、咨询式、环境熏陶式等德育方法也已融入高校德育方法体系之中，高校德育方法及其理论观念的丰富性推动着德育实践的不断刷新。

第二，由过于偏重政治教育的理论灌输向既重视政治教育、道德教育，也重视法制教育、心理教育的理论与实践一体化的方向扩展。德育方法是使德育内容产生德育效果的途径和手段，德育内容的变化制约和推动着德育方法的发展。随着时代的进步，德育的内容发生了新的拓展，高校德育的内容在原来的政治教育、道德教育基础上，又增添了法制教育、心理教育等新的内容。不同的德育内容需要不同的方法、手段与实施途径。政治理论的灌输、道德知识的灌输不是也不可能构成德育的全部。马克思主义理论及中国特色社会主义理论是一种知识，可以通过理论灌输为德育对象了解和掌握，但人的正确思想的形成不但需要正面的理论灌输和规范教育，更需要广泛的社会实践。德育对象的道德理性、道德信念和道德情感的培养不仅需要理论的说教、疏导，也更需要丰富的道德实践得以训练和养成。脱离德育对象的生活实际和心灵世界，一味注重正面的道德灌输与管束，不仅禁锢学生的思想，压抑学生的独立意识与能动性，也阻碍学生自律能力的发展。德育是一种生活，既是高校师生共同构建的生活世界，也是个性聚会的心灵场址。德育世界应该也必须为大学生的个性发展、潜力发展让出应有的空间和位置。德育的本质特征是实践性，德育方法的实施体现着德育实践的要求。因此，高校德育方法的现代化转换，就是要从单一的课堂授课向生活的全方位拓展，从过于注重理论灌输向基于知行合一的德行体验、道德感悟、道德养成的德育实践转进。可以认为，理论与实践的紧密结合，既是高校德育的一个基本原则，也是高校德育方法论的基本观点。改革开放以来，中国经济社会的变化与演进，为探索高校德育方法改革的路径提供了新的机遇。高校德育方法改革中探索实施理论与实践一体化，不仅丰富了高校德育的内涵及德育方法理论，也在新的历史条件下继承了传统德育文化的精华，开辟新的高校德育方法改革路径。

第三，由依赖传统经验与主观灌输向关注学生多方面发展潜能和德育实效的实践化、生活化、网络化的德育方法转变。在革命和建设时期，我国高校在德育工作的探索实践中逐渐形成了传统的高校德育方法。传统高校德育方法非常重视对大学生正确价值观的教育，积极引导大学生不断追求更高的目标，使他们确立马克思主义的坚定信念，树立共产主义的远大理想。教师在德育过程中主要以教育引导的方法把正确的价值观以讲解、示范、榜样、说服等具体形式从外界输入大学生的头脑中，并运用奖励、惩罚等手段来检验他们的学习成果，以此培养大学生优良的道德品质。多年以来形成的这种德育模式的历史惯性在高校德育由传统向现代的转型时期，仍旧产生着深刻的影响，如目前高校德育方法仍没有摆脱对传统经验与主观灌输的依赖。毫无疑问，注重主观的正面的灌输的德育方法，与一定时期社会的经济政治发展相适应，对培养社会主义事业合格接班人，对提高中国特色社会主义建设人才的思想政治与道德素养，对推进中国高校的德育建设起到了非常重要的作用。随着经济社会的发展与进步，人们对高校德育的认识有了新的变化，对德育方法的发展趋势有了较为深入的剖析。需要进行改革创新，德育方法论也呈现出主体转向以及生活转向，很多关于德育的论著都提出德育应该回归教育主体，回归生活。高校德育的实践表明，主观灌输的德育方法往往忽视鲜活的德育对象特点和主体的能动性,置德育对象于被动地接受地位,使德育对象既感受不到灵魂的触动,也无法把这些正面理论融入精神世界之中。不利于道德主体的自我发展,更不利于内化于心、外化于行的德行修炼。进入 21 世纪以来,高校的德育呈现出开放姿态,开始摒弃缺乏主动性的形式主义的德育方法。高校德育方法研究与探索向着生活化、实践化、社会化、网络化的广阔空间拓展,把关注德育对象的多方面潜能、努力提高德育实效作为改进德育方法的基本观点,把立足真实的现实世界、向虚拟的网络世界开拓教育空间作为新的着眼点,在克服传统的德育方法的弊端中,在推进德育方法的现代化转化与创新中,构建适应新时代需要的高校德育方法理论与操作体系。

(二)高校德育方法的发展条件

高校德育方法是随着社会的政治、经济、文化和科学技术的发展而不断向前发展的。高校德育方法的发展是传统高校德育方法向现代高校德育方法的转变过程以及现代高校德育方法的完善和深化过程,其发展条件主要有以下几个方面:

1. 社会发展内容的影响

培养社会主义合格建设者和可靠接班人是我国高校总的目标指向。目前我国正处于全面建成小康社会和实现中华民族伟大复兴的中国梦的关键时期,世情、国情、党情继续发生深刻变化,我们面临的发展机遇和风险挑战前所未有。这对党的思想政治工作提出了新的更高的要求,也为高校德育方法的发展创造了条件。新时期高校德育工作应在德育培养总目标的指引下,进一步丰富发展德育方法,以适应新形势的变化。我国正处于社会转型时期,大学生的政治思想、价值观念、道德品质、心理问题和公共意识都受到了很大影响,高校德育方法的发展面临着前所未有的挑战。大学生肩负着社会主义现代化建设的重要使命,高校德育工作者必须运用正确的德育方法才能做好高校德育工作,高校德育工作要在文化层面、精神层面和价值观念层面进行积极的引导,使大学生其有坚定的社会主义理想信念、正确的人生价值观、完善的思想道德品质、健康的心理素质和良好的公共意识,使他们成为真正意义上健全的人。因此,高校德育方法只有不断改进、不断发展,才能适应当代社会对高校高素质人才培养的要求,高校德育才能真正发挥为中国特色社会主义建设服务的作用。

2. 当代发展环境的变化

当今社会环境与以往相比、已经发生了翻天覆地的变化，全新的发展环境把高校德育置于开放的社会体系之中，为高校德育方法的发展带来了新理念和新机遇。全球化对当前社会的影响越来越深刻，多种文化之间相互碰撞和交融更加频繁，国际性事件的作用也不断增强，这不仅向高校德育工作提出新情况、新问题、新要求，也为高校德育方法的发展提供新内容、新途径、新条件。随着世界一体化的不断推进，各种思想文化相互激荡，东方的与西方的、传统的与现代的、大众的与精英的、主流的与非主流的文化相互交流与冲突，对大学生思想品德的发展产生了重大影响。另外，现代科学技术尤其是互联网的迅猛普及，不仅为高校德育方法的发展提供了相关学科最新的理论知识，而且还能直接成为高校德育方法的一种技术手段，为高校德育开辟了一个广阔的空间，也给高校德育工作提供了巨大效能。这些变化能够促使大学生思维更加活跃、知识更加丰富、视野更加开阔，使原本相对滞后的德育内容与方法更具前瞻性、针对性和实效性。由此可见，当代社会环境的影响为高校德育方法的发展提供了重要条件，高校德育工作者也要根据这些新情况，不断发展和创新高校德育方法。

3. 高校德育对象的变化

高校德育对象的变化势必对高校德育方法的发展起到一定的推动作用，同时也给高校德育工作带来一定程度的挑战，能否清晰准确地把握"00后"大学生的群体特征，成为高校德育工作者应对新时期新问题的关键。在这个社会变革的时代，"00后"大学生会受到来自社会环境的各种影响，思想品德状况的主流是健康向上的，道德素养不断健全和完善，社会责任感增强，开拓创新不甘落后的进取精神正在形成，求真务实的学习态度也逐渐端正。但我们应该清醒地认识到，部分"00后"大学生的思想道德状况仍存在一些问题：他们成长于信息飞速发展的时期，知识面广，接受能力强，但也正因为具备这样的特质，导致其乐于追求新奇，对社会主流思想及核心价值的引导兴趣不浓；在日常生活中常常以自我为中心，内心孤独封闭，不善于与人沟通交往，一旦遇到困难和挫折就无法应对，甚至产生自暴自弃的心理。高校德育工作者要抓住"00后"大学生求新、求异、求乐等特点，积极探索加强高校德育发展的新途径、新方法。

（三）高校德育方法发展中的问题

高校德育在中国经济社会发展演变的宏大背景中不断地走向丰富和更新，因而高校德育方法也必然需要在发展中走向丰富和更新。高校德育方法的丰富、更新过程，既是源于实践、付诸实践、服务实践、接受实践检验的过程，也是继承精华、抛弃糟粕、丰富理论、走向体系完善的过程，中国经济社会的快速发展，要求中国高校德育及其方法体系必须尽快实现从封闭系统到开放系统的转变，纠正泛泛研究与实践探索滞后的弊端，克服理论与实践二元分离的倾向，加强高校德育方法的理论创新，从而实现从传统到现代的转换，以适应新形势发展的需要。

1. 亟待实现从封闭系统到开放系统的转变

实现高校德育方法的现代化转变，必须重新审视传统高校德育方法，从整个德育系统的角度剖析德育方法系统的弊端及影响发展的因素。传统高校德育方法体系的弊端之一是它的封闭性，这种封闭性表现为：第一，在内外关系上，注重外在价值与功能，突出强制性与规范性的德育方法，忽视德育双方的人格独立与价值创新，忽视道德的个体性、内在主体性；第二，在师生地位上，片面强调教师的指导作用，忽视学生的独立性、积极性与创造性；第三，注重知识内容的记忆、理论体系的掌握，忽视学生的情感体验和道德自觉；第四，在实施途径上，注重单一的课堂授课和理论灌输，忽视丰富的生活实践。德育是一个鲜活的开放的育人过程，德育也是一个各要素相互联结、动态稳定、开放有序的生态系统，割裂了德育内外因素的有机联结，忽视道德品质的养成规律，忽略了德育在生活中的背景，必然会造成德育效果的低下。世界是发展变化的，高校德育的情境也在不断地发生着变化。德育内部的每一个元素都不是孤立的存在，每一德育对象的生活境遇与生活追求可能都有所不同，以单一的灌输或管束方法，以强制性的规范与训练，以脱离生活实际的说服或诱导，恐怕难以达到德育的目标与效果，因为生活世界是道德产生的土壤和最终归宿，只有根植于生活世界的德育方法论才有深厚的基础和强大的生命力。因此，要实现高校德育方法的发展、丰富与创新，必须突破传统陈规戒律，打破封闭性，转向开放性，摒弃与生活世界隔绝的德育方法，抛弃缺乏主体性主动性的形式主义的德育方式，把教师的疏导和学生的自觉选择有机结合起来，把限制性说服与开放性说服有机结合起来，把道德他律与道德自律有机结合起来，建立更加开放的生活化、社会化的方法体系成为当前高校德育方法探索的重要问题。

2. 方法研究的泛泛与实践探索的滞后

理论与实践相结合是高校德育的重要原则，但在高校德育方法探索中，理论与实践二元分离的倾向仍在一定范围内存在，轰轰烈烈的德育方法探索与呼声不断的德育实效性不强形成鲜明的反差，折射出高校德育方法研究中令人困惑的现实问题，或从另一侧面反映出高校德育理论以及方法探索的滞后。

从高校德育具体方法研究看，学界不乏对方法的重视，既不乏对传统德育方法的批判与反思，也不乏对前沿性方法问题的探索与展望，但真正从实践或实效角度深入剖析某种方法或某一类方法的实施过程及其效果的仍不多见。值得注意的是一些论者常常端出某项教育效果不佳的调查，用以证实所论观点，其调查的信度与效度、因果性与价值性的可靠程度值得怀疑。而基于当下高校教育管理制度改革，尤其涉及学分制改革、食宿制改革、招生制改革、学位制改革以及就业创业等具体问题，选择不同层次不同类型的对象开展德育方法及其实效的研究，引起关注的观点及论著尚不多见。关于高校德育具体方法的研究，一些论者仍限于书斋式探索，而德育实践现场式研究、行动式研究还需要进一步引起学界的重视。高校大学生的现实生活及其发展追求，加强和改进大学生思想政治工作，高校德育理论的发展与创新，要求德育方法的探索加快步伐。高校德育工作者应树立理论与实践统一、知与行统一的观念，以实践为检验、评价德育效果的根本标准，反思德育方法理论与实践探索的过程，积极主动地深入实施高校德育方法的探索，用以指导大学生德行发展的实践活动。

3. 高校德育方法的理论创新有待加强

高校德育方法的发展与创新，需要德育理论的支撑。高校德育方法论，就是关于高校德育方法的理论，就是研究高校德育现象，揭示德育规律时所应有的方式方法及指导这些方式方法的基本原则所构成的理论体系。当今社会飞速发展，许多新事物、新观念层出不穷，而我国高校德育方法的理论创新却相对缓慢，其更新速度既赶不上时代发展的步伐，也跟不上当代大学生的思想变化。从当前有关高校德育方法的理论创新看，学者提出了许多的新的德育方法，也提出了许多涉及德育方法的理论观点，有些方法经过了理论方面的初步论证，有的方法尚有待实验验证，一些高校德育方法创新的理论成果尚需通过具体实践去印证、检验和丰富。由于当前我国高校德育理论创新尤其是关于德育方法的理论缺乏与社会生活紧密结合，对固有理论模式和思维方式缺少及时的变革与更新，导致高校德育方法的创新滞后于现实发展的需要。另一方面，我国高校德育方法的学科理论发展相对薄弱，高校德育学设立和建设的时间不长，学科化程度较低，对高校德育学科建设的原理、规律、特性、目标和路径的研究尚不够精深准确，导致高校德育方法的创新过程中随机性强、稳定性差。如何依据马克思主义哲学方法论深入探讨高校德育的方法问题，将高校德育方法系统化、理论化，形成德育方法论体系，如何借鉴其他学科的方法理论，丰富高校德育方法论，业已成为我国高校德育方法理论创新的重要课题。

二、高校德育方法的创新

高校德育方法的改革和创新是提高德育实效性的根本途径，虽然传统高校德育方法在实施过程中取得了一定的成效，但由于现代社会的价值观念日趋多元化，大学生的思想状况也日益复杂多变，传统德育方法的局限性越来越明显。高校德育方法的创新要摒弃传统高校德育存在的问题和弊端，使高校德育从死板的、僵化的、空洞的方法中走出来。因此，必须根据当前的形势，对高校德育方法进行变革和创新，使高校德育工作更具有主动性、针对性和实效性。

（一）高校德育方法的创新原则

德育作为人类的一种实践活动，以人的思想活动为其工作对象、实践领域，较之一般的实践活动更具有特殊性和复杂性。因此，对方法的选择运用的创造性要求更高。实现高校德育方法的创新，必须有正确的原则作为指导。这对进一步增强高校德育的针对性、实效性和吸引力、感染力具有十分重要的意义。实现高校德育方法的创新，必须坚持以下原则：

1. 方向性原则

我国高等教育的发展必须坚持社会主义方向，现代高校德育方法的创新也必须体现社会主义的方向性原则。因此，高校德育在实施方法上必须以马克思主义的立场、观点和方法为指导，这充分体现了我国高等院校发展的社会主义方向。

2. 主体性原则

高校教师在德育的实施过程中，不仅要把大学生看作具有主体意识和主体价值观、独立人格的人，还要把他们视为具备主观能动性和创造能力的独立个体。由于高校德育的对象是大学生，高校德育方法的创新要做到一切以学生为主，重视学生的主体地位。德育不再是一种外在的强制手段，而是作为大学生主动发展自己的重要途径，大学生也不再是被动地接受道德知识的机器，而是能动的德育主体，并有其内在的发展要求。要把德育工作的着眼点放在大学生主体意识的发挥与培养上，逐渐把被动接受转换成主动接受。

另外，教师与学生之间应建立平等的关系，教师要充分尊重和理解学生，对学生取得的进步应给予肯定和表扬，并经常观察学生的兴趣和爱好，使学生自觉、主动地参加德育活动。

3. 系统性原则

高校德育工作是由一个庞大而复杂的系统组成，德育方法的创新与德育主体、客体、环境、载体，以及这些因素之间的关系密切联系。高校德育的主体包括：高校辅导员、思政课教师、其他专业课教师等；客体主要指高校学生；德育环境包括高校课堂、学生会和社团活动、学生寝室等；载体包括校园文化生活、学生家庭状况、社会风气等。这些要素内部以及各个要素之间都相互联系并发生作用，如果主体、客体、载体和环境发生了变化，那么高校德育方法的选择自然也就不同。因此，系统化的方法要求高校德育方法要综合地考虑到各种因素的实际情况，通过对各种德育要素及其相互关系的正确分析和运用，使之共同为现代高校德育方法的创新服务。

4. 现代化原则

高校德育工作要随着现代社会的政治、经济、文化和科学技术的发展而不断变化，要增强高校德育工作的有效性，就必须紧跟时代变化的步伐对德育方法及时进行改进和创新，要实现德育方法创新的现代化，就必须在德育手段上实现现代转型。当前我国高校德育发展面临诸多方面的问题，为实现我国德育方法的创新，就必须从当前的社会现实出发，结合经济全球化、信息网络化以及社会转型期的大学生思想特点进行改革。与此同时，高校德育工作还应解决在教学观念、教学内容、教学手段和教学管理等方面的现代化问题。德育课堂教学可综合运用哲学、伦理学、教育学、社会学、心理学等学科的学术前沿来分析和解决现实问题。实现德育方法创新的现代化不仅是德育手段的转型，也是高校德育工作整体改革的突破。

5. 实践性原则

高校德育的本质是大学生在体验中感悟并生成道德的过程，而没有实践就没有体验，没有体验也就无所谓情感的共鸣、心灵的触动。大学生思想品德的发展与智力发展有本质的不同，他们可以脱离社会生活学习科学知识，但不能脱离社会生活学习道德，因为道德是社会生活的规范和准则，真正的道德学习必须在社会生活过程中进行实践。因此，高校德育方法的创新不能脱离实践，否则德育就成为不着边际的假大空，是低效甚至是无效的。高校德育的实施不应局限于大学的课堂和校园，大学生要走出校门、走向基地、走向社会，实现教学与实践活动相结合，从而增加情感交流和切身体会，加深对德育认知的理解。

（二）高校德育方法的创新内容

由于传统高校德育方法者重强调外在环境对大学生的影响，因而其效用无法得到科学、合理的发挥。衡量高校德育的实际效果，要看德育方法是否与当代社会的发展方向相符合，是否与大学生的身心发展规律相一致。高校德育方法在内容上的创新，要求德育工作者根据时代要求和发展趋势以及学生思想动态，在继承传统高校德育方法的基础上逐步实现。从高校德育的实践来看，高校德育方法的创新内容主要是围绕如下五个方面展开并不断探索的。

1. 咨询式德育方法

心理咨询主要是在意识层次上进行的一种教育性、指导性比较明显的活动，它不仅是保护人们的身心健康所必需，而且也是塑造健全人格，开发人们潜能的有力手段。当代大学生由于受到自身以及外界等因素的影响，心理承受能力弱，遇事不够沉稳冷静，抗压和抗挫折能力差，甚至因为病态心理而导致行为的失误，这些问题的存在深刻影响着大学生的日常学习生活和个人的身心健康。高校要把咨询式德育方法融入德育工作之中，重视心理咨询机构的构建，经常为学生进行心理咨询方面的专题介绍，开展有关心理健康类的知识讲座，帮助大学生建立更多维护、救助自身身心健康的途径。同时，还要将心理咨询渗透到课堂教学之中，通过课堂互动让学生学习必要的心理健康知识，提高心理自我保健意识和抵抗挫折的能力。高校德育工作者也要积极学习心理教育方面的知识，加深对咨询式德育方法这一新兴载体的认识和熟练运用。

2. 体验式德育方法

大学生养成良好的道德行为仅仅依靠理论知识是不够的，必须付诸实践，知行统一。体验式德育方法能够让大学生通过深入生活，了解生活的底蕴，增加对人生的感性认识、初始认识，建立初始信念。例如，社会生活实践是让学生在社会生活中通过体验和实践形成道德，在做中学、在做中感悟；社会工作实习是对课程的社会实践，培养大学生的学科专业态度和职业道德；志愿活动是大学生通过义务劳动实现对他人的帮助，获得自身价值的满足，体现了当代大学生自我价值的实现，可以增加大学生的荣誉感和责任感，对其树立正确的世界观和价值观有积极的作用；生活劳动可以净化心灵，陶冶情操，培养艰苦朴素、艰苦奋斗的优良作风有利于大学生形成积极进取的道德品质和热爱劳动的思想、感情；日常生活交往能够促进大学生形成民主、公平的交往氛围，对于大学生道德的养成具有积极作用；专业实习是大学生对所学专业进行的社会实践，能够熏陶大学生的学术精神、加强学术责任感，为今后的学术深造打下坚实的基础。

3. 渗透式德育方法

高校德育的渗透式方法着重强调德育的潜移默化作用。要求在德育过程中转变传统观念，在实践活动中渗透德育内容，从而在无形之中使大学生接受道德教化：传统高校德育方法主要强调正式课程的显性影响，在一定程度上忽视了隐性课程的渗透作用，使德育工作缺乏实效性，而渗透式德育方法的运用逐步成为当代高校德育发展的一大趋势。要开展各种形式的非正式课程，把德育工作渗透到大学生生活的各个方面，通过开展具有教育意义的场景和活动对大学生施加影响，使其在无意识中得到教诲。而好的校园文化是一种无形教育，要加强校园文化建设，努力塑造校园精神，弘扬富有时代特色的校园精神主旋律，如创建文明校园、文明班级、文明宿舍等。与此同时，在校园文化建设中，要积极倡导为人师表、尊师爱生的风气，无意识地对学生实施思想教育。还要充分运用学生自主的力量，让学生自己发现问题、解决问题，创设优良的道德氛围，发挥学生干部的模范带头作用，协调各方面关系，弘扬正气，使不良习气无立锥之地。

4. 引导式德育方法

传统高校德育方法通过指挥命令的方式进行德育，认为只要对学生严加管教，奖惩分明，德育工作就能收到良好的成效。但事实上这种德育方式容易造成师生之间的沟通阻碍，学生也不是由于内心的需要而接受德育的，这必然会减少学生对德育的兴趣，因而这种德育方式的效率很低。高校制定的一些规章制度和纪律来规范大学生行为对于维护秩序稳定是必要的，但是部分高校德育工作者往往把目光局限于或偏重于大学生的日常行为及遵纪守法方面，并不做深入细致的引导工作，把塑造性和教育性很强的德育工作搞成了防范学生不出事、不闹事的看管工作，形成以约束式为主的德育方法，而这种方法已很难适应新形势的要求。为此，高校德育工作必须要从约束式方法向引导式方法转变。由于当代大学生的自主意识和自主能力逐渐增强，教师要加强与学生之间的情感对话和交流，倾听他们的心声，通过这种互动形式使学生感受到自己受到关怀和尊重，这样学生才会积极主动地参与高校德育活动，德育效果也会十分显著。

5. 媒体信息式德育方法

现代媒体以信息量大、传播速度快、影响范围广而对当代大学生的生活方式、学习方式、交往方式、娱乐方式甚至语言习惯等产生广泛的影响，也给高校德育方法的创新提供了全新的工具。随着网络技术的发展与普及，它所具有的方便性、快捷性和娱乐性等更容易被大学生所接受，借助网络平台对大学生进行思想品德教育已成为高校德育方法创新的一个重要途径。电视时间在半小时以上，过半数大学生不接触报纸。因此，高校德育无论从内容和形式上，还是从量与质的规定性来说，现代媒体信息都已经成为高校德育工作的新领域、新阵地。现代传媒尤其互联网以其信息量大的特点充实了高校德育的内容，高校德育方法的实施从静态转向动态，德育内容也变得丰富而全面。实施德育的过程中能够通过媒体的声音、信息摆脱时间、空间等限制，得到迅速而广泛的传播，便于教师以丰富的历史文化知识和现代科技信息完成高校德育的任务。

(三)高校德育方法的创新思路

1. 转变思想观念是高校德育方法创新的前提

先进的德育观念对于高校德育工作的实施起着直接的导向作用。当前我国大学生的思想发展状况呈现出全新的特点,高校德育工作者如固守原有的德育观念,因循守旧,故步自封,必然会使高校德育脱离学生的实际,德育工作也不会收到良好的效果。因此,要实现高校德育方法的创新,必须转变高校德育工作者的思想观念,这是高校德育方法创新的前提和根本。当代社会环境开放,高校德育工作要在改革、创新和发展中研究新情况、解决新问题。高校应以德育工作为先,以学生为本,以社会现实为风向标,以爱国主义为主题,培养大学生形成正确的世界观、政治观、人生观、道德观、价值观以及现代化的思想观念。在新形势下,思想政治教育大力宣传解放思想、实事求是、与时俱进等时代精神,有利于旧的思想观念和思维方式的改变,有利于思想的解放和思维定式的突破。因此,高校德育工作者要解放思想,不墨守成规,树立开放意识,提高创新能力,完善知识储备,善于独立思考,捕捉时代信息,实现与社会主义市场经济相适应的德育思想观念的转变。

2. 满足大学生需求是高校德育方法创新的关键

创新高校德育方法的目的是要实现德育的实用性和有效性,而德育方法发挥作用关键要看其能否满足大学生的内在需要。因此,高校德育方法的创新要建立在对大学生需求的正确认识和理解之上,掌握其物质生活和精神生活的实际情况。由于受经济全球化、市场化、数字化等多种因素的影响,大学生的需求呈现多样性、复杂性及现实性等新特点。大学生在此年龄阶段的生理和心理上都逐渐成熟,他们不仅追求对知识的获取,更关注于个人未来的发展情况,因而往往萌发出许多新的、多层次的追求,如规划职业生涯、提高个人能力、实现人生价值等。他们渴望这些新需求能够得以及时地、高质量地满足。因此,高校德育方法的创新要因势利导,把引导和满足大学生需求作为德育工作的重要出发点,充分关注大学生自身生存与发展的需要,使高校德育方法增加亲和力,吸引力和感染力。高校德育工作只有满足当代大学生自我发展、自我实现的强烈需求,才能使他们获得崇高感、价值感和幸福感,才能为他们自我价值的实现提供良好平台,从而为高校德育方法的创新奠定坚实的基础。

3. 加强理论研究是高校德育方法创新的途径

理论是行动的指南，要加强高校德育工作的针对性、系统性和创造性，需要对高校德育方法进行深入的理论研究。创新高校德育方法不能只局限于改变其表现形式，而是要尊重高校德育工作发展的客观规律、大学生思想形成和变化的规律等。一些高校教师虽然已从事德育工作多年，在德育方法的运用上也具有一定的经验，但对新时期高校德育工作的特点和规律缺乏足够的认识，这种状况必然影响到德育工作的实际效果。面对新时期高校德育工作出现的新变化，许多问题不能再用原有的思想、观点、理论来给予正确合理的解释，必须紧跟社会发展步伐，紧密联系大学生实际生活来开展德育方法的创新。因此，必须加强高校德育方法创新的理论研究，高校德育工作者要具备理论创新的勇气和能力，要敢于从实际出发，从理论层面提出和分析问题。另外，还要在理论探索的基础上不断总结，把实际工作中积累的感性经验上升到理论的高度，将在局部上探索到的新方法和新经验广泛推行，使之在更大的空间发挥作用。

4. 构建完善的评价机制是高校德育方法创新的保证

德育评价不是最终的目的，而是达到德育目的的一种手段，任何德育方法只有经过检测评价和反馈调节才能得到修正和补充。完善的德育评价机制对于高校德育方法的创新起到积极的推动作用，德育评价的过程实际上就是德育方法的完善化、科学化的过程，是其功能得以充分和有效发挥的过程。通过德育评价还可以有效地防止德育方法创新走过场、搞形式，不注重实效的状况。因此，为了保证高校德育方法的不断创新，高校必须建立完善的、行之有效的德育方法评价机制，使德育方法评价的实施经常化、制度化。评价标准的设立要从客观实际出发，考虑到是否有利于大学生道德人格的形成及完善。要改变过去那种单一性、片面性的评价方式，根据实际工作情况，可运用多种多样的评价方式。坚持领导评价同行评价、学生评价和教师自我评价的有机结合，这样能保证评价的全面、客观。目前我国的许多高校并没有建立和形成高校德育方法的评价机制，因此，建立科学、完善的评价机制势在必行。

第三节 高校德育功能系统结构

德育功能是德育理论研究所必不可少的内容之一。对于德育功能的研究，不仅是一个重要的理论问题，更是一个需要实践检验的现实问题。对于高校德育功能的理解，会影响人们对高校德育存在的价值和意义的认识。随着我国改革开放的不断深入和社会主义现代化的飞速发展，社会对高校培养的各级各类人才的要求也越来越高，不仅在专业技能方面有严格的要求，在职业道德和社会公德方面也提出了更高的要求。因此，正确地理解高校德育功能，既有利于理解高校德育的重要性，也有利于促进学生的健康全面发展。

一、高校德育功能概述

研究高校德育功能是当今时代提出的重要课题。在改革开放的新形势下研究高校德育功能具有重要的理论意义和实践价值。这就要求高校不仅要建立完整的知识理论体系，还要把德育放在首位，坚定政治立场，明确政治方向。在这种形势下，高校德育功能作为高校德育的一个重要组成部分，会越来越受到重视，也将会发挥越来越重要的作用。

（一）高校德育功能的科学内涵

德育功能指德育系统内部各个要素之间相互作用以及系统与环境之间相互作用所产生的结果。德育具有内部功能和外部功能，德育内部功能是德育系统内部各要素之间相互作用而形成的；德育外部功能则是德育系统与外部环境之间相互作用而形成的。德育功能与德育目的和德育效果所侧重的内容是不同的。

受教育者对教育者的作用表现为教育者的为人师表、教育方法的适用等，教育者对受教育者的作用表现为受教育者要积极认同道德规范并严格遵守。高校德育系统与外部环境之间相互作用表现在：政治、经济、文化、社会、生态等外在环境对高校德育系统所形成的影响和高校德育系统对政治、经济、文化、社会、生态等外界环境所产生的作用。高校德育系统对环境的作用所形成的功能，主要有自然性功能、政治功能、经济功能和文化功能等。高校德育功能也就是德育功能在高校这个特定的环境范畴里的界定。其体系中必然存在德育功能原有的本体要素，不过这些要素在高校中会表现出新特点和新规律。

（二）高校德育功能的主要特征

高校德育功能会随着德育功能的发展而呈现出新的特征。因此，我们在研究高校德育功能主要特征之时，还要结合德育功能的新特点，来加深对高校德育功能的认识。

1. 高校德育功能的特定性和发展性

高校德育功能特定性集中体现在培养为社会主义现代化服务的高层次人才，以满足社会发展的需要，这是由高校德育功能本身固有的属性所决定的。任何事物都是发展变化的，组成高校德育的内容也不是一成不变的，它会随着不同历史阶段的社会思想、道德水平的发展变化而不断变化，高校德育内容的发展必然促使高校德育功能发生变化。

2. 高校德育功能的直接性与间接性

高校德育功能的直接性主要表现在对受教育者个体的影响上，其中包括对受教育者的思想水平、培养目标以及价值理念起直接作用。在这里，所谓的受教育者个体即指大学生，高校德育应着重关注大学生的个体发展，以培养大学生适应社会的能力。而高校德育功能的间接性主要是指高校德育的社会性功能所起的作用，其间接性主要是通过社会性功能间接地对社会政治、经济和文化起一定作用。具体表现为高校德育通过塑造大学生个人品质、培养优秀人才去反作用于社会政治、经济、文化，促使整个社会向更好的方向发展。

3. 高校德育功能的适应性与超越性

其适应性主要是指适应当今社会发展需要，既符合当今社会核心价值观，又适应现实社会人的需要，高校德育功能的适应性是不以人的主观意志为转移的，而是以当今社会生产力发展要求和高校德育的发展目标为依据的，但仅适应是不够的，必须在原有的基础上进行超越。高校德育功能的超越性指高校德育在为将来的社会培养有价值的人才，以通过塑造品德来适应未来的跨越发展。

（三）高校德育功能的研究意义

德育的基本功能在于育德，社会和家庭在培养人的德行的过程中虽然起着重要的作用，但高校是德育工作的主战线，承担着德育任务。要把大学生培养成社会主义现代化建设所需要的优秀人才，就必须发挥高校德育的重要功能。而随着改革开放的深入发展，在新的形势下，研究高校德育功能更具有重要的理论意义和实践价值。

1. 有利于形成具有中国特色的德育理论体系

随着科学技术的迅猛前进和社会实践的纵深发展，把高校德育作为一门科学来研究，是当今时代发展对高校德育提出的新的、更高的要求。德育工作是其他工作的前提条件，德育工作搞不好，其他工作都会受到影响；可见，德育工作是非常重要的，而它的强大生命力在于随着实践的深入而不断发展。我们说高校德育是一门科学，是说它有独立的研究领域和研究对象，它有科学的理论基础和理论依据，它有自身固有的规律和科学体系，我们有必要把它作为一门独立的科学来研究，逐步建立起它的科学体系。一门新科学理论体系的形成不是一蹴而就的，需要多方面的探索和共同努力。因此，我们研究高校德育功能问题，正是为了更好地形成具有中国特色的德育理论体系而做出的新的尝试。

2. 有利于为社会培养大批"新型"人才

德育是传承人类文明、弘扬社会道德的重要渠道。教育是为了适应社会发展而被认可的一种重要的文化形式。高校德育是教育过程中的一个重要组成部分，高校德育的重要功能就是为满足社会发展的需要，以大学生为教育对象，以大学生应具备的思想理论、道德品质为标准，通过确定课程设置、课程内容以及教学安排和教学方法的选择，将一定的政治思想、社会道德传递给大学生一代，以促使大学生思想政治素质的全面提高，使大学生成为当今社会发展所需要的建设者和接班人，为社会培养大批"新型"人才。

3. 有利于促进大学生的全面发展

所谓人的全面发展，就是按照人应有的本质，以一种全面的方式，也就是说，作为一个完整的人，占有自己的全面的本质。全面发展的内涵随着不同历史时期的发展变化而有所不同。在整个社会历史发展进程中，受社会生产力水平和社会环境的限制，人们的思想往往呈现出片面发展状态。因此，研究高校德育功能有利于引导大学生坚持全面发展观，并为大学生的全面发展提供强大的精神动力和智力支持。一般来说，在社会生活中，一个人的知识阅历越丰富，能力水平越强，对社会的贡献也就越大。就每个人而言，他的智力所带来的社会价值不仅取决于专业知识和技能，更重要的是取决于政治素质和职业道德水平的高低。在市场经济的大背景下，有少数大学生还存在着片面的发展观，存在以物质代替精神，或只重物质而忽视精神的现象；存在以科技代替道德，或只重个人成果而忽视社会和谐的现象。通过高校德育功能的发挥，有利于引导大学生树立科学的发展观，实现个人和社会的全面发展。

总之，高校德育功能就在于人的社会化、人格化，形成一个人的特质，这便是高校德育之功能所在。人需要德，才能改进自我、发展自我；社会需要德，社会生活才能够正常进行。高校德育对大学生个人乃至整个社会都具有重要的作用。大学生是祖国的未来，是民族的希望，是国家的栋梁之材，要想把大学生培养成对未来社会有价值的人才，就必须高度重视高校德育工作，充分发挥高校德育功能的重要作用。

二、高校德育功能系统结构

结构是指系统整体与其各要素之间的关系以及相互联系和相互作用的方式。德育结构，是指德育自身所包含的各种因素及其相互关系，从系统论的观点来看，高校德育作为一个相对独立的系统，它不断地与外界环境和自身内部的各种要素发生信息的交流，实现自身的功能。本文主要从系统结构的角度来研究，认为高校德育功能主要由宏观社会环境的社会性功能、中观学校环境的教育性功能和微观个体思想道德方面的个体性功能三部分构成，这三部分之间相互促进、相互影响，共同作用于高校德育功能。

（一）高校德育的社会性功能

德育社会性功能指德育对社会发展所起的作用，即德育系统与外部环境之间相互作用所产生的结果。高校德育社会性功能则是高校德育系统内部与外界环境之间相互作用而形成的，主要体现为外界环境中的政治、经济、文化和生态直接影响高校德育，其中，当今经济制度、经济发展水平对高校德育起到了决定性的作用；政治思想对高校德育起到指引方向作用；社会文化对高校德育起到潜移默化的渗透作用；生态环境对高校德育起熏陶作用，以上这些社会性功能就构成了一个宏观的德育功能系统。

（二）高校德育的教育性功能

德育教育性功能，是指德育结构系统内部之间的结构关系，是德育的价值教育属性，高校德育的教育性功能是把大学生塑造成具有健全人格和完整品行的人，首先从教人做人的德育理念出发，最终实现教与学、学与用相结合。

（三）高校德育的个体性功能

德育个体性功能指德育对受教育者个体发展所能够产生的实际影响。高校德育的个体性功能是德育在较高发展阶段所表现出来的对受教育者思想道德素质的形成和培养，使高校德育真正成为促进人全面发展的教育。主要通过道德需要的直觉、道德情感的培养、道德行为的养成来影响个体思想道德素质，进而促进个体的成长和发展。概括来说，高校德育对个体具有生存、发展和享用三方面功能。

第四节 高校德育功能的发展趋势

随着社会主义市场经济的不断发展和改革开放的逐步深入，当前高校德育在发挥其功能时所取得的成绩是有目共睹的，但受诸多因素的影响，使得高校德育功能在发展中还存在很多问题，因此，如何适应新形势，增强高校德育功能，突出高校德育的实际效果，是全社会必须认真思考和努力实践的重要任务。

一、新时期高校德育功能的发展状况

新时期高校德育功能的发展是对以往高校德育功能的有机继承，在德育功能体系中仍然存在着其原有功能的本体要素，这些要素在现代社会中均有效发挥着各自的作用，但在新时代背景下表现出新规律和新特点。随着德育领域的发展，德育功能不断拓宽，高校德育功能自然也会有新的发展，主要表现在以下几个方面：

（一）高校德育功能层面发展

高校德育在功能层面上表现为促进个人和社会两者发展。以往高校德育功能观点经常把这两个方面对立起来，分解了高校德育功能系统结构，使这两方面无法形成一个整体，导致高校德育部分功能逐渐弱化。如，社会性

功能只强调政治、经济两个方面，个体性功能只重视知识的掌握和行为的养成，人与社会的发展失去了更重要的价值。新时期高校德育功能层面不断扩宽和发展，如社会性功能表现为对经济、政治、文化、科技、军事等社会生活方方面面发生作用，并对自然界产生影响；个体性功能在于促进人身心健康发展，促进人道德观念、价值标准、行为方式的形成，教给人生存本领和人生途径等。因此，新时期高校德育必须建构系统化的新功能结构观。

（二）高校德育功能方式发展

以往高校德育功能实现方式相对单一而且片面，在社会发展方面只片面地强调"维持"和"适应"，在人的培养方面局限于道德教化、思想灌输，这实质是低层次的德育。高校德育新功能必须使德育抛弃陈旧的教化、灌输、维持等方面的传统教育方式，走出墨守成规和本本主义的误区，以突出新时期高校德育的独立意识和主体地位。

（三）高校德育功能力度发展

以往高校德育在功能力度方面，其本质认识基本上停留在教化、适应、维持功能上，其特点具有明显的封闭性和滞后性。新时期高校德育要实现对学生的人格培养，成为新时期两个文明建设的重要手段，必然体现其开放性、超前性和预见性特点。高校德育决定着学生个体的发展方向、潜力的发挥效果及人格的完善程度，也间接决定着社会生产力发展水平和人类文明程度等，这是新时期高校德育功能力度的新发展。

二、高校德育功能发展中存在问题的原因探析

高校德育是对大学生进行思想教育的主渠道。随着当今社会的不断发展，现今大学教育的环境发生了一定的变化，大学生的思想状况也受到诸多因素的影响，使得高校德育功能在发展中存在着一定问题，在当前新形势下，如何更好地发挥高校德育功能就成为高校德育工作所面临的突出问题，需要从以下几个方面来探讨：

（一）来自社会的影响

目前，我国正处在三期叠加的关键时期，随着社会的快速发展，与市场经济相适应的道德体系正在逐步建立的过程中，市场经济中的一些负面状况还在社会中存在，各种思潮不断涌现，这些都将成为阻碍高校德育功能发挥的因素。

其一，市场经济的负面影响。面对市场经济的冲击和影响，给高校德育带来诸多现实问题和挑战。一些大学生的核心价值观发生动摇，价值理念发生改变，很多大学生片面地认为，市场经济最主要的目的是追求利益的最大化，市场经济的发展刺激了人们对物质利益的追求，使得很多大学生把片面追求所谓最大化利益作为自己做事的最终目的，进而淡化了其道德意识，只讲索取，不讲奉献。这些价值观念显然是与高校德育的培养目标相悖的，在某种程度上极大地阻碍了高校德育功能的发挥。

其二，社会就业形势严峻的影响。随着社会主义现代化的发展，在这过程中遇到一些困难和问题，往届大学毕业生就业形势越来越严峻，目前招工用工中重人情轻能力、看文凭不看水平等，这种社会现象使得相当一部分学生认为"毕业就是失业""读书无用"，且这种思想对在校学生也造成了一定的不利影响。

其三，受西方社会思潮的影响。随着国际间交往和合作的密切，西方社会各种思潮也随之传入了我国，并对当今社会产生了一定的影响。但由于大学生社会实践经验缺乏，对一些外来的错误思想缺乏基本的识别能力，错把糟粕当精华，全盘拿来，全盘吸收，结果导致盲目崇拜西方社会和某些思想家，从而失去了本来应有的道德标准和价值观念，进而影响了他们的价值选择和行为方式。

（二）来自学校的影响

目前我国正处在社会转型时期，市场经济机制还处在不断发展、完善的过程中，有少数人通过欺诈方式获取了不当利益，市场主体往往会做出与主导价值观念相悖的选择。人的思想、观念的形成是外部客观环境影响的产物，学校不是世外桃源，受其影响也是在所难免，因此，面对市场经济中存在的多种新情况和新挑战，学校在德育功能的发挥上也存在着一定问题。

其一，在教育方向上，很多学校过分重视智育的发展。也就是只看重成绩，对学生如何做人关注较少。而实际上，从小学教育到大学教育，都轻视德育教育，有些教育对学生品德教育更是停留在口头上，很少付诸实践，学校更关心的还是升学率，衡量学生与教师的标准都是分数，认为只要学习成绩好，其他的都是次要的。

其二，在教育内容上，课程设置不够科学，缺乏一定的吸引力。教育内容的设置必须具有科学性才会有吸引力。可是，一些学校没有明文规定德育应该包括哪些内容，很多教师认为德育都是政治理论课教师的任务，和自己没有太大关系，以至于在课堂教学过程中只注重知识传授，不注重学生品德行为的培养，即使是对学生进行德育，也是说教成分多，不顾学生的实际情况进行理论灌输，德育难以起到应有的效果。

其三，在教育方法上，学校教育方法过于单一，更多以说教为主。德育工作不是一个简单的工作，在当今社会，更要求广大教育工作者必须下大力气，全方位，多角度进行教育，而不能只按照过去单一的说教方式进行。可是，一些德育工作者仍然采用简单机械的方法去开展工作，不考虑学生的实际情况，只是千篇一律的道德说教，使得德育缺乏吸引力，使学生感到德育课枯燥无味，引不起学生的重视，更起不到教育的目的。

（三）来自家庭的影响

早期家庭教育对人一生的成长有极大影响，我国教育家陶行知也说过，凡人生所需之重要习惯、倾向、态度，多半可在六岁以前培养成功，若培养不好，习惯成了不易改，倾向定了不易变。家庭是大学生成长的港湾，家长是孩子的第一位老师，往往也是孩子的终身教师，据调查显示：在人一生所受的教育中，家庭教育的影响占75%，大学生的道德品质在形成过程中，家庭教育至关重要，家长的认知和行为对孩子起着潜移默化的作用，但是由于各种原因，很多家长在教育孩子的时候存在着很多问题，主要表现在：

其一，部分家长教育观念淡薄，对子女要求苛刻。在激烈的社会竞争面前，再加上受应试教育的影响，一些家长在教育子女的时候，只关注成绩的好与坏，分数的高与低，家长始终把考上好大学、找到好工作作为衡量他们优劣的唯一尺度，认为成绩好才是硬道理，完全忽视其德育的培养，认为德育品质会随着年龄的增长自然而然形成，根本没有意识到从小的品质培养对将来乃至一生都有重大影响。还有一些家长认为子女"不打不成才""棍棒底下出孝子"，这种错误的教育观念，严重伤害了子女的自尊心，不利于良好行为习惯的养成，甚至造成子女经常说谎的坏习惯，不当的家庭教育，往往促使其养成任性、自私自利、失信的不良品格。

其二，部分家长缺乏责任感，对子女过分溺爱。一些家长全身心投入自己的事业中去，全然不管子女，任其"自由发展"。有些家长自身缺乏模范行为对子女的引领作用，在教育过程中，为了让子女听话，常以给好处等方式让子女听从自己的教导，却常常不兑现诺言，对子女灌输"作假"的行为示范，给子女树立了坏榜样，灌输了不良意识，影响了他们对是非对错的判断。还有的家长过于溺爱子女，犯了错误也不及时批评指正，甚至无原则地满足子女的一切要求，使得一些子女认为父母做的一切都是理所当然的，形成了"目中无人"的个人利益至上的信念，说话做事缺乏责任感。

总之，要增强高校德育功能，需要家庭、学校和社会的共同努力，因此是一项长期的、复杂的系统工程，不能一蹴而就，也不能各自为战，需要投入大量的时间和精力去深入研究，更需要我们改变传统的思维模式，用创造性的思维去思考高校德育功能如何更好地发挥其应有的作用。

三、未来高校德育功能的发展趋势

随着社会主义现代化的快速发展，特别是现代科学技术的飞速发展，使得高校德育功能的发展呈现出了新的发展趋势，如何提高高校德育的育人水平，把握高校德育功能的发展趋势，进而推动整个社会发展，具有重大而深远的意义。

（一）高校德育功能的现代化发展趋势

现代化是指在当今的现实社会，人类活动特点、发生、发展过程，现代化是一个发展的过程，也是创造现实的活动，现代化是当今世界的发展趋势，国家和所有社会人本身也必将走向现代化。高校德育功能的现代化是一个全面而深刻的变化过程，高校德育功能的现代化的发展趋向主要表现为：

第一，高校德育功能观念的现代化。高校德育功能观念的现代化作为高校德育现代化的一个重要前提条件，必然影响其他因素的现代化，高校德育功能作为一种有意识、有目的的社会实践活动，更受制于思想观念的变化。传统的、固化的德育体制和德育方式往往会对当前的高校德育功能产生不良影响，使得当前的教育者按照过时的、保守的思维方式进行教育，这势必会使得高校德育蒙上保守色彩，所以，高校德育功能要想实现现代化必须突破传统的德育观念的束缚，实现德育观念的现代化。

第二，高校德育功能内容的现代化。高校德育功能内容的界定必须要体现和反映当今时代的特点，高校以什么样的内容来开展德育，对德育活动效果的实现具有重要的决定作用。因此，高校德育功能内容的现代化既是必须要研究的重点，也是整个高校德育功能现代化的核心。我们不能执意将传统内容作为德育内容的核心，更不能只讲现代不讲传统，而是应该将优秀的传统内容与现实的实际相结合。提出新问题，解决新问题，同时，还应该选择在实际生活中常常发生的现实问题作为主要内容来开展德育，选择适合当代大学生实际生活的现实实例，通过展现实例的内在价值来感化大学生，激励大学生，以达到最佳的效果。

第三，高校德育功能手段的现代化。高校德育功能手段是在德育过程中，教育者与受教育者传授与接受的方式。高校德育功能手段的现代化，就是运用高科技技术改变过去传统德育传播方式，通过贴近实际的、多样化的传播方式和手段来实现高校德育的最优化。高校德育功能手段的现代化已经成为整个高校德育功能现代化的推动力量，传统的德育功能手段单一、方法单调，已经与现代发展不相称，因此，要实现高校德育功能手段现代化，需要借助于现代科学技术来加以实现。

（二）高校德育功能的社会化发展趋势

高校德育功能在实现现代化的发展过程中，必然要面向社会、面向未来，它不可能孤立存在，因此，它必然具有社会化发展趋势，高校德育功能如何提高其社会化程度，如何适应现代化与信息化社会的发展，就要求其适应社会化程度的不断提高，社会化方向也需要改进和发展。

第一，高校德育功能必然要立足社会而发展。高校德育功能只有融入社会生活的各个领域，使之成为社会生活必不可少的组成部分，才能发挥其应有的作用。高校德育功能在新的历史条件下，要努力避免理论与现实脱节的不良倾向，改变理想与现实工作相脱节的现象，这是德育功能社会化的必然需要。

第二，要不断提高高校德育功能的适应性和平等性。要积极建立教育者与受教育者之间的双向平等的德育模式，改变不平等现象，教育者要不断提高自身修养，结合社会实际情况，开展德育活动，帮助受教育者提高适应社会的实践能力，自觉进行自我完善、自我提高，使德育内化为每个人的自觉行动，使德育功能成为每个人自觉关心和参与的活动，只有这样，高校德育功能才能真正发展成为社会化德育。

（三）高校德育功能的学科化发展趋势

高校德育功能面对理论方面和实践方面的新要求和新期待，要解决这些新问题和新要求，达到预期目标，其现实选择必然要实现学科化。所谓高校德育功能学科化就是要把高校德育功能的研究领域、研究内容和研究方法等现实问题纳入高校德育功能学科研究的范围，形成科学系统的高校德育功能的理论体系和分支学科体系，使高校德育功能真正发挥作用。在新的形势下，高校德育功能学科化发展呈现出以下趋势：

第一，与人文社会科学相结合的发展趋势。我国的高校德育作为人文社会科学发展的一个重要分支，已经形成了自己的理论系统与发展体系，任何事物都不是孤立存在的，高校德育也是如此，其综合性和适应性的特点，必然决定其与相关学科之间会存在一定程度的交叉，因此，高校德育功能需要研究人文社会科学发展的新趋势和新规律，了解相关学科最新研究成果，及时充实和丰富自身的发展，才能真正发挥德育应有的功能，才能在学科竞争中精益求精、立于不败之地。

第二，与现代科学技术发展相结合的发展趋势。现代科学技术不但为高校德育功能提供了现代化的技术手段和实现条件，同时也要求高校德育功能必须要适应现代化的时代要求，可以说，现代科学技术已经融入我们现实生活和工作的方方面面，我们当今的生活和工作已经离不开现代科学技术，高校德育同样也是如此，不能脱离现代科学技术而存在。用现代科学技术变革传统德育功能方法和手段，已经成为德育功能学科发展的重要内容，因此，在高校德育过程中，不能只局限于传统高校德育功能的灌输式教育，而应强调注重与现代科学技术相融合的发展趋势，运用高校德育功能的方法和手段的现代化，追求其高水平和高效率，创造出新的教育感化力量，营造富有时代气息的育人环境。

第二章 高校德育文化的构成

第一节 高校德育的文化本质

文化育人是在育人中传承文化、实践文化、创造文化的过程，在价值上要有使命的担当，要有文化普适性价值的弘扬以及文化内涵的开掘与提炼，体现出文化自信与文化自觉，进而成为公民、社会和国家价值观教育的基础性保障。所谓价值观，是社会成员对于社会现象和思想意识进行是或非、有意义或无意义、值得接纳或不值得接纳的判断时所依据的一系列最基本的准则或尺度，其内涵与人的生命意义和社会发展终极目标紧密联系，指向人与社会之"应然"，显示了社会成员的总体期待与心灵诉求。核心价值观则是其中最具广泛主导性和普遍根本性意义的准则和尺度，作为社会主流意识形态，它在消解各种价值主张的紧张对立中使各种价值观念间保持合理的张力，整合社会力量、凝聚民族精神、实现共同理想，深刻体现了人类社会文明及民族文化孕育的价值共识。随着现代社会多元文化的发展及影响的日益加深，加之世界各国对文化软实力问题的认识不断提升，从文化自觉、文化自信、文化自强的层次认识核心价值观教育的现状，以文化发展的视角观照核心价值观教育的未来，必将成为社会核心价值观教育的研究趋势。

一、核心价值观教育的文化哲学

人类社会发展进程表明，面对价值真理和道德规范，社会成员并不是一味被动地接受，而是会主观能动地甄别和取舍，最终形成固有的价值观。这种价值观一经形成，就会渗入社会成员的价值活动之中，并在根本上成为其价值判断、选择、追求及创新的主要依据。价值观教育是教育对象在教育者的价值引导下自主地构建思想理念和道德品质的过程。任何社会都需要有占主导地位的核心价值观来反映社会发展本质规律、引领社会成员精神生活、促进个体进步发展，没有核心价值观的社会是极不稳定的。社会存在和社会意识影响社会核心价值观的形成，核心价值观教育使社会成员自觉遵从并愿意用这个价值观来指导和规范自己的行为，以软性方式体现社会意识形态对社会成员的控制和领导，是主流意识形态掌握社会生活的根本性手段。

人的能动本性，决定工作为教育对象的社会成员在初始阶段对社会核心价值观教育是"接受与拒斥、认同与否定、选择和摒弃"同时并存的。从教育的内部机制来看，作为根源性影响因素，核心价值观教育成效取决于教育对象对价值理念的认同、需要及应用程度，即这种真理、规范对其自身价值实现的影响和作用。当今社会，多元文化汇聚导致的价值多元很大程度上带来社会主流价值观所引领的社会生活的无序和无力，需要我们从追溯文化起源、统一文化共识的德育实践中探究相应的工作方法和途径。人文文化素养是塑造高尚道德情操和责任感的基石。青年处于价值观形成时期，较易受到外来文化的影响，但是一旦经过实践认知确立了价值理想，并将这种理想作为终身追求，就会在坚定不移地推崇中构建起个人行为法则。在这种法则的指导下，具有共同价值理想的个体的行为逐渐趋同，为实现社会大同发展创造了可能。多元文化的发展既给社会核心价值观教育带来了严峻的挑战，也带来了难得的机遇。它有助于人们的多元化观念、全球意识、开放意识、竞争意识、创新意识、民主意识、权利意识及自由平等意识的形成和提升，其内涵丰富性为相关教育实践提供了大量的信息资料，有利于增强核心价值观教育的针对性和实效性。

马克思关于人性价值的理论强调，人只有为他人的完美和幸福而工作，才能使自己也达到完美，深刻地体现出人的社会价值和自我价值是相辅相成、辩证统一的。大学生在成长发展的这一阶段有着高昂、积极、自觉的能动性，随着社会实践经验的丰富，能动选择的能力不断增强，个体价值观的深刻变化也从一个侧面反映着社会价值观的深刻变革。大学生核心价值观教育作为一项关系国家、民族和社会发展的长远战略性工作，应当立足国家和民族的历史文脉，关注大学生身心发展的特征和规律，结合个体生命诉求，积极处理好社会价值和个体价值的关系，促使两者实现充分互动和有效循环：社会价值的实现必须通过个体的自觉价值创造活动来具体承担和完成，而且社会价值实现始终是以个人的生存、发展和个人的全面发展为起点和归宿的；个体也只有通过改造客观世界促进社会发展的价值创造活动才能实现自我价值。

二、文化传承视域下的我国大学生核心价值观教育

价值观决定个体的自我认识，影响并决定着个体的理想信念和目标追求。大学生处于身心快速发展阶段，自我发展意识不断增强，"用自己的眼睛"寻求发展机遇、满足自身需要、实现人生价值，他们的价值理念不仅承载了基础教育的厚重思想积淀，而且在汲取新思想的过程中能动转化和升华。中华民族在五千年长期发展融合中形成了兼容并包的民族性格、思想心理、行为方式和价值取向，铸就了民族向心力、凝聚力，这也是华夏儿女价值观稳定性和持久性的重要基础。中国文化具有"人文"核心，立足民族文化根基，一以贯之，绵延不断；同时，开放融通，博采众长，在自我超越中丰富和完善，具有深厚蓬勃的价值生命力，其灵魂始终存在于社会成员精神意识中，是中华儿女价值观最重要的基础元素，深刻影响着社会核心价值体系的构建。正是核心价值观的持久性主导和引领，才在成千上万个体价值实现过程中实现着社会价值追求，并不断构筑起全社会文化的软实力。新时期，我国社会民族文化与外来文化剧烈碰撞，多元文化环境消解社会主导价值观，一定程度上造成大学生道德认知模糊和价值选择紊乱，处于希望和迷茫并存交错的心态中，他们对核心价值观认同上的困惑、矛盾和冲突时有增加，但必须看到，强烈的爱国情怀和国家意识、高度的民族自信心和社会责任感仍是大学生的思想主流。

当前我国大学生价值观处于更理性、更客观的新的建构发展过程中，随着理想主义和精神价值明显隐退，价值取向的个性化、多元化、世俗化、功利化倾向明显增强。尤其个人利益的合理性与合法性得到承认和肯定，大学生开始追求务实进取、协调兼容的价值选择。他们以"中庸之道"寻求个人与社会、物质与精神、理想与现实之间的合理支点，既反映出成长中无法避免的人生彷徨，也体现出"现实主义"的思想成熟。

长期以来，我国社会建构大学生的官方传统就是将其视为担负未来社会建设重任的生力军，注重强调其"接班人"的意识形态特质，这种文化传统灌输忽略了大学生的心理自觉性和主动性。然而，随着主流话语中政治与

文化的逐渐分离，给大众文化预留了越来越多的生存空间，加之日趋开放、平稳性和可变性，不易与主流价值观形成较高契合度，更主要的还是因为全社会价值观教育在一定程度上流于表象。由于教育方式比较简单，实施途径相对狭窄，教育机制过于呆板，缺失相对公允评判，教育对象主体性仍未得到很好的强化，尽管有声势浩大的"众人拾柴"，但并未见到我们期待的"火焰"升高，核心价值观内涵的深入及扎根甚至受到较为严重的阻碍，最终导致不少大学生信仰迷失和价值选择的颠倒、无序。

三、我国大学生核心价值观教育的提升路径

（一）与时俱进，科学厘清价值观教育内容

核心价值观是一定社会背景下的意识形态，在不同时代、不同地区都会呈现其独特内涵，其教育必须顺应社会发展规律和进步潮流。开放时代，我国大学生接收信息的广度和深度变化显著，给传统价值观教育带来了不小冲击，价值观教育方法的选择虽然要考虑教育过程本身的规律、价值观维度自身的规律，但也必须考虑受教育者所处时代的需要，以往强势、教条化的教育内容必然无法使日新月异社会环境中的核心价值观教育达到理想效果。同时，价值观从来就是一定时期社会文化的价值观，世界各国大都注重从根本上培养民族精神和寻根意识，联系时代发展趋势和要求，不断激发大学生对国家、民族的由衷热爱和强烈使命感，有效地统一和强化社会价值认同。

中华文化源远流长、博大精深，历经历史长河洗礼传承不辍，具有强大的生命力，其精髓是我国社会道德教育的基础和灵魂。可以说，丰富的传统文化积淀和滋润是中国特色社会主义核心价值体系建设的源头活水，民族精神与时代精神相辅相成，在核心价值观教育中发挥着主心骨的作用。如何在社会主义核心价值体系的框架下深化价值共识，树立价值标杆，需要从"中国梦"的深刻内涵和实现举措上探寻有效契合点。作为中国未来发展的目标和方向——中国梦，不仅凝聚人心、汇聚共识，充满了正能量，同时也包容和谐，与世界各国人民的发展之梦交相辉映。我们要秉持历史继承性、时代现实性和未来前瞻性相结合的教育理念，积极把握马克思主义指导思想、中国特色社会主义共同理想、以爱国主义为核心的民族精神、以改革创新为核心的时代精神和以社会主义荣辱观为基本内容的当代中国文化主流话语系统，在现代道德生活的基础上培育充满生机与活力的社会主义核心价值观。

同时，核心价值观的凝练也要兼容并包，拓宽视野，勇于超越民族、区域的界限，认真协调异质性文化间的矛盾冲突，积极汲取全球人类文明的共同成果。科学厘清社会核心价值观内容，是核心价值观教育的前提和基础。

（二）丰富载体，全面优化价值观教育环境

当前我国大学生的核心价值观教育缺乏广泛有效的认知场景，尚未很好地引导他们去体验角色，培养其批判性思维和决策能力。也正因为如此，较为僵化的思想引导无法激发大学生的思维积极性和创造性，动员自我来提升精神境界，发自内心地将道德原则内化为道德信念。从组成形态上看，社会环境把理性的道德精神遍布在自然的教育环境中，抽象的特点使其具有显性教育无法替代的作用。

我们要立足社会需要与大学生全面发展的有机结合，探索创新广泛、高效的社会主义核心价值观普及传播的载体，充分利用他们身边熟悉的社会环境资源，把理论教育与社会体验结合起来，使他们在社会现实生活中准确自我定位，培育起有利于个人发展并符合社会要求的情感意愿和价值信念。政府要借鉴西方经验，充分重视利用社会文化机构和大众传媒对大学生施加思想影响和意识熏陶，通过组织特定的群体性、主题性活动统一道德认知，使大学生由浅入深地理解和吸收社会核心价值理念，最终实现根深蒂固的认同、信仰和持之以恒的实践、奋斗。全面优化各类载体和环境，是核心价值观教育的重要保障。

（三）尊重主体，着力转变价值观教育方式

全面深化教育改革的时期，由来已久的传统教育体制仍存在一定的思维定式，我国大学生价值观教育理论与实际脱节问题尚未有效得到解决，具体举措的科学性、实践性、联动性不强，缺乏对相关教育环节的系统把握，认知与行为还容易出现较大程度上的分裂。特别是着力主动占位，过于强化单项价值灌输，价值澄清、价值推理及价值分析等方法在教育过程中往往被忽略或弱化，导致价值观教育活动流于说教。

我们要注重培养大学生的道德判断能力，帮助他们形成高级批判性思维；尊重并激发他们思维的选择性、自觉性、能动性和创造性；引导他们自我教育、协同发展，增进与社会成员间的情感维系，不断增强社会归属感，把社会价值目标变成自身的价值追求，实现个体价值与社会价值的充分融合。对于处于社会化进程的大学生，教育者要在情感上理解、接纳并欣赏他们的时代特质，注重强化身心辅导、人生规划等引导性教育，让他们主动克服功利主义思潮，树立正确合理的人生追求。同时，"道不可生论，德不可空谈"，价值观教育要内化于心、外化于行，切实引导大学生以主体身份参与教育过程，在实践中逐步掌握社会生存能力，确立起符合社会发展要求的理想信念和道德准则。作为一种追求、信仰和使命，当前我国社会深入开展的"学雷锋"活动及志愿服务，实践倡导对生命价值与人的尊重，培养大学生对社会、对人类发展无私奉献的责任心，洗礼灵魂、升华境界，使他们在追求真善美的体验中树立积极的世界观、人生观和价值观，值得我们去深入探索其常态化运行机制。确立"以人为本"的教育理念，是核心价值观教育的本质诉求。

（四）协同创新，有效拓展价值观教育空间

当前，我国社会核心价值观教育的制度化、规范化尚处起步阶段，立法尚不健全，理论界对核心价值观的表述虽然不断明晰，但未全面深入传播，大众化普及还缺乏足够的舆论支撑，大学生爱祖国、爱社会、服务他人的道德信念受各种主客观因素影响，时常容易出现动摇。分析教育主客体关系及影响因素，当代社会的大学生价值观教育无疑是一个多元影响、开放互动的系统工程。这一工程的建设需要进行全方位的统筹规划。

秉持协同创新理念，社会各层面要从国家战略的高度，齐心协力地共建社会主义核心价值观教育平台。高校要围绕人才培养目标，着力改革相关领域教育教学的内容和方法，创新组织管理形式；同时，要重视理论问题的深刻阐释和形势透析，大力推进学科德育，融合专业教学，强化实践体验，在系统的课堂教学中进一步提升价值观教育的成效。政府和社会机构要积极借鉴西方国家的有益经验，根据大学生思维方式、生活方式及行为方式的变化，重视以服务个体需求深化价值引导，通过运用一定的思想观念、道德规范和法律制度，结合自身职能，实施有目的、有计划的组织，在生涯教育、心理辅导等方面优化资源配置，创新协作方式，将核心价值观教育体系有机融入公民教育和社会生活"隐性"大课堂之中，激发大学生关怀社会和造福人类的使命感、责任感，促使他们形成符合社会要求的道德信念和价值理想，达到价值追求的新境界。构建全员全程格局，是核心价值观教育的提升动力。

第二节 高校文化的德育价值

社会的发展离不开拥有共同理想的社会成员，社会成员的成长和发展也必然需要与其心智相匹配的理想信念为指导。理想信念教育是一个社会特定发展阶段的德育基础和缩影。

高校文化以其闪耀的理性光芒扎根于社会文化内核，是高校全面汲取历史文化精髓，融合时代发展特色不断充实并形成的切合自身使命和职责的世界观、价值观和方法论的集成。同时，作为社会先进文化的重要组成部分，它具有继承和创新相统一的理论品质，汇聚优秀历史传统与先进时代精神，以科学、民主、平等、自由、宽容、创新等内涵影响着一代又一代大学生的价值判断、思维方式和行为习惯，激励着他们肩负使命，心系国家、民族和人民，为实现社会共同理想而不懈奋斗。高校文化孕育的大学精神不仅为高校持续发展注入内在精神动力和坚强生命底蕴，而且以其强烈融合性和渗透性内化为大学生行为的共同理念，是高校德育的重要支撑和内涵来源。

一、我国高校文化发展中的理想信念教育

文化本质与人性本质统一于人类社会发展过程之中，文化本质可以说是人性本质的全面展现与积极发挥。崇高的理想信念是一种强大的精神力量，对于推动个人和社会发展都有变革性影响。高校是人类社会高尚理想的发源地，优质高端的高校文化激励着先进思想理念的产生，促进人们对生命意义更高层次的探索。

21世纪的中国进入了全面建设小康社会的新阶段，随着社会主义文化体制改革的深入推进，以马克思主义为灵魂的社会主义核心价值体系的确立，营造了自由、大气、进取、朴实的文化风尚，使高校文化在一个开放、多元的时代有了新航向。在"传承与创新"的使命召唤下，高校文化坚持"以文化人"导向，塑造的现代大学精神在思想文化与精神文明建设中的示范引领作用进一步彰显，积极引导大学生深刻认识历史和人民是怎样选择了马克思主义、选择了中国共产党、选择了社会主义道路、选择了改革开放，坚定地在中国共产党领导下走中国特色社会主义道路，为实现中华民族伟大复兴

这一"中国梦"不懈努力,共产主义理想信念的生命力和战斗力得以不断延续和加强。

高等学校的兴起和发展始终与国家、民族的兴衰联系在一起,自觉地担当着保护和发展民族文化的重任,高校文化始终闪烁着民族精神的灵魂。同时,高校强大的思想鉴别功能也决定了其文化抉择不会一味地顺应接收到的历史遗产,而将以自身独立性和批判性来认知、理解和诠释民族文化历史,并促进其与社会先进文化融合,进而在坚持爱国主义与社会发展的高度统一中强化大学生的历史使命感、社会责任感。

二、高校文化的理想信念教育价值

政治信念或思想道德价值观是文化的主要构件,它当然也不可能独立地、自由地游荡于文化的躯壳内,而必须合宜地身处于文化结构中为其预留的居所,体现并发挥它合宜的文化作用。文化认同是大学精神传承和发展的直接依据,是不同时期大学精神相互关联的内在纽结,也是大学生理想信念产生的根基。高校根据社会文化环境和自身条件,结合国家、社会及自身的未来发展目标和任务考虑文化模式,建设反映时代精神、代表社会发展方向、体现人民群众根本利益的先进文化,其"潜在性、深刻性、持久性"具有不可替代的教育力量。我国高校文化的传承和发展对于大学生树立顺应历史潮流的"中国梦"理想具有极其重要的影响。

(一)统一共同价值追求

高校是社会文明的源泉,聚集了人类历史中思想、文化和科学的精华,高校文化孕育的大学精神自然成为一定社会的核心价值系统。大学精神使大学生在正直的文化系统中平等地交流和分享思想,奠基起远大的人格目标和高尚的价值观基础,其中,达成的高度思想共识赋予了他们坚定的人生信念和原则。理想是社会成员共同的思想基础,是社会赖以存在和发展的根本前提,作为社会精英群体的大学生的理想信念必须与国家民族命运紧密相连、与社会发展前进方向紧密相应。当代中国,以马克思主义为灵魂的社会主义核心价值体系是历史和人民的选择,也是高校文化发展的新成果,这一科学理论以中国特色社会主义共同理想为现实内容,统领大学生的价值观念和思维方式,构筑起他们奋发向上、积极进取的精神支柱。沐浴着先进文化的光照,大学生对这一体系的把握不仅仅从"理论坚信"跃升为"信念坚定",

更是从个体的"思想自醒"转化为统一的"行动自觉"。

(二)传承民族复兴理想

文化是一个民族得以强大的本源。作为服务民族战略利益的高级文化机构,高校承载的文化体现了民族的最高文化水准。自从高等学校这一社会组织形态产生以来,它始终伴随国运沉浮,引导广大青年学生高举爱国主义旗帜,将个人发展与国家前途、民族命运和人民福祉紧密相连,树立坚定的民族自尊心和自信心,形成维护国家利益、促进民族进步的强大精神动力和高尚情感。中华文化历经时代变迁绵延不断,与时偕行,真、善、美和谐共融的道德标准、人文品格和经世智慧始终扎根在世代中华儿女心灵深处。追求真理、严谨求实,求新求变、生生不息,兼收并蓄、博大精深等特征既是传统文化的精髓,也已然成为我国高校文化的根本特质,对于当代大学生人格塑造、心理养成及精神构建大有裨益。我国社会发展进程已经充分印证,大学生只有在追求繁荣富强的大"我"中才能真正体现小"我"的人生价值,只有在实现中华民族复兴的伟大实践中,才能真正使自己获得自由而全面的发展。民族复兴理想是"中国梦"的核心要义。

(三)顺应时代发展潮流

马克思主义文化观主张顺应潮流,勇于改革,开拓创新,不断丰富文化内涵,拓展文化视野,增强文化的生命力、战斗力和凝聚力,从而保持文化引领社会的价值功能。高校文化表征和承载着人类文明内在稳定的优秀特质,同时以自己的独立性和批判性进行文化的选择、传承和创造,代表了未来社会的发展方向。崇高价值追求与崭新时代潮流、社会发展要求相结合就形成了科学的社会主流精神,它激励全民族前赴后继、奋发图强,不仅成为一个时期全社会共同意志和思想状态的集中体现,而且形成了大学生在振兴祖国、服务人民中实现人生价值的强大精神动力。高校文化紧扣时代脉搏,弘扬和创新具有时代特征的主旋律文化,切实强化社会责任感和历史使命感,成为社会主义先进文化的忠实代表,这也为其与时俱进地开展大学生理想信念教育营造了积极氛围。

(四)实践先进思想理念

大学精神追求身体力行,实践一直是高校育人的基本途径。高校文化不仅通过文化氛围和精神环境使广大青年学生对社会主流文化价值产生认同，而且注重理论与实际、理想与现实的紧密结合，有效地解决思想生活和生产发展中的实际问题，成为推动社会前进的重要力量。它以各种形式的教化实践陶冶情操、锻炼思维，使大学精神内化为大学生终身的精神气质、价值理想和行为规范，通过大学生的社会实践产生对社会发展的价值导向和进步影响。随着高等教育大众化发展，越来越多的社会成员经由高校文化的润化和熏陶形成共同的人生价值目标，他们务实进取、开拓创新，从中汲取正能量，最大限度地达成了社会思想共识。我们欣喜地看到，在当代中国社会，社会主义核心价值体系的践行群体正由此得以不断扩大。

高校是中国特色社会主义先进文化的示范区和辐射源，其文化客观真诚地弘扬人类美好信念和朴素情感，不仅是社会主流文化的产物，而且是社会文化的先导者和先进文化的创造者，更是时代精神的精华。高校文化以教育、理论、系统化的道德规范、有意树立的社会典范等来自觉地、有意识、有目的地引导和左右着人们的行为，启迪人们的心智，提高鉴别是非、善恶、美丑的能力，提供价值观与理想信念的指导，激发人们追求高尚的道德情操和精神境界，在精神层面为民族发展和社会进步打造先进思想和时代灵魂，树立了大学生实现人生价值、追寻"中国梦"的风向标。

三、文化本性视域下理想信念教育的困境

一直以来，高校以其所蕴含的深厚文化底蕴和民族文化精华、高尚人文精神和科学思维方法为全社会提供思想和文化先导，高奏时代最强音。然而，全球化及信息革命的到来，经济、社会、文化繁荣背后是其结构与运行方式的深刻变革，由于这一发展进程中诸多不可抗因素的干扰，加之大学生身心发展阶段认知和接受水平的局限性，我国高校文化的教育引导功能也受到各类体制机制因素影响而不能有效发挥，由此引发了大学生思想困惑解释乏力，思维方式与价值观念迷失，理想信念出现了一定程度的缺失和扭曲。

首先，多元文化碰撞，动摇教育根基。文化安全是一个国家和民族稳定发展的精神保障。当今世界政治呈多极化发展趋势，大学生思想活跃、思维敏捷，勇于对新形势下的文化价值观念积极探索、不懈追求。面对东西方文化交流与碰撞中享乐主义、实用主义、个人主义等西方价值观勾勒和呈现的资本主义表面物质繁荣，他们内心世界开始震荡和彷徨，对于社会主义优越性出现认识迷茫，对于共产主义理想逐渐产生怀疑，价值选择的方向感和

判断力有所减弱，个人追求不时脱离社会发展要求，使得我国高校长期以来以马克思主义为主导的社会主义意识形态和中国传统文化为主体的道德价值体系受到强烈冲击。

其次，过度强化灌输，偏离教育原则。文化理念和品质决定着价值观的形成，大学生理想信念教育的关键在于培养其科学认识世界、正确理性地判断和选择人生价值的能力，需要构建一条"关注人的发展进程、关心人的发展需要、引导人的成长实践"的教育路径。大学生的理想信念是在对社会多元、繁杂的思想文化的比较中进行选择而形成的，鉴别与汲取是不可逾越的过程。但是，长期以来，受工具型、操作型人才培养模式的影响，我国高等教育过于强调专业实用过分理性的思考、辨别和判断，就匆忙被动地加以选择和接受，理想灌输具有鲜明的功利化倾向，由于基础性认同不够，必然存在信念不足、信心缺失、根基不稳等问题。

最后，缺乏实践体验，削弱教育过程。任何理性认识都是从感性认识开始的，没有社会现实生活切身体验，就没有情感上的高度认同，更谈不上形成孜孜以求的理想信念，因此，实践是文化价值体验和理想信念教育的最佳方法。受传统教育体制和教育条件的制约，我国大学生实践教育尚缺乏全面的实施体系，社会主义核心价值体系的根植缺乏必要的实践土壤，从而导致大学生实现共产主义的人生理想容易成为"纸上谈兵""空中楼阁"。由于没有获得丰富、合乎实际的感性材料并经过反复的思考和判断，大学生的人生价值观念较多地停留在理论起点，没有真正唤醒思想意识本源和激发内在道德需要。由于没有将个体的思想认识和道德感悟润化在社会生活之中，外在社会要求与个体诉求无法达到和谐统一，大学生也就难以很好地检验、巩固和升华自己的理想信念。

四、基于高校文化传承的理想信念教育路径

高校文化在继承中创新，由理论走向实践，不仅仅创造了大学生理想信念培育和成长的氛围，更是奠定了大学生理想信念科学实现的坚实根基，其内在品质不仅是正确理想信念的价值目标，而且是指导和促进理想信念实现的源泉和动力。我们应立足于"文化强国"的远大战略，积极发挥高校文化的育人优势，使大学生通过文化过程认知和剖析社会现实，形成顺应社会发展方向的价值观，在"中国梦"战略统领下不断完善民族精神、国家意志、社会进步要求与现代大学精神相互融合的大学生理想信念教育体系。

(一)积极发挥高校文化统领性,明确教育内涵

价值追求决定着人们践行理想信念的方向和内容。作为融汇人文精神、价值理念和道德诉求的精神文明成果,高校文化表达了社会主导思想信念、行为规范和价值取向,促使大学生培养科学的世界观、方法论和追求民主、务实的科学精神,确立起崇高的民族观、国家观和社会价值观。大学教育要清楚自身的使命与责任,要了解民情、体会民意、关注民生,要努力实现人类社会的至高价值,这从一个侧面反映了高等教育培养大学生社会责任意识的终极目标。长期以来,我国高校文化对马克思主义理论的汲取与研究促进了共产主义理想信念的形成与发展,这也构建了社会主义核心价值体系的指导思想和理论基础。同时,社会主义核心价值体系在总结吸收中华优秀传统文化的基础上顺应时代发展赋予的新内涵,无疑是当下我国社会的"文化精髓"。高校应以此为统领,高扬社会主义文化理想,积极维护国家文化安全,坚持用马克思主义的立场、观点和方法引导大学生正确认识社会发展规律、国家前途命运和自身社会责任,避免他们在社会大变迁中的思想困惑和心理失衡;同时,也要用民族复兴的"中国梦"激励广大青年学生,引导他们将主体需求与社会发展紧密相关,使个人价值在与社会的共同发展中得以实现,从而增强对中国特色社会主义的道路自信、理论自信、制度自信。

(二)牢固坚持高校文化民族性,保证教育方向

民族复兴的中国梦扎根于中华文化绵延发展的沃土中,是传统精髓与时代主题的共同体。当下,高校应坚定地把握自身文化的民族性,同时以改革创新的姿态在时代精神的培育和弘扬中传承民族精神。理想信念教育也要通过对传统文化的批判和监督,深刻认知、理解和诠释民族文化历史,进而去粗取精、去伪存真,求同存异、取长补短,孕育和塑造体现民族魅力的思想之花,丰富科学内涵,激发行动信念,聚积起广大青年学生实现民族复兴伟业的勇气和力量。

(三)科学把握高校文化辩证性,夯实教育基础

文化是根植于人的内在生命的人类群体相对稳定的行为方式,它根源于人的物质、精神需要,是人的自我超越本性的体现。高校文化直面永恒的生命,联动社会生活,归根到底是要解决人类生命的意义问题。由于高校文

化拥有学术自由的宽容环境、标新立异的学术氛围、科学民主的大学制度,不同文化可以相互切磋与平等交流,自由选择和相互借鉴,最终修正偏差,达成共识。同时,高校文化以其自身的独立性、开放性、选择性、宽容性和系统性对不同文化和价值冲突进行协调、平衡、化解及融合,促使多元文化发展同社会主流文化保持良性互动关系。高校应充分发挥自身文化科学辩证的能动功效,加强大学生文化判断力和选择力的培养,使他们沐浴科学思想、自由学术和批判精神的光照,在个性气质和价值观的彰显、碰撞中逐步确立人生追求的积极方向,在种种复杂局势和变化面前乐观向上、从容应对,稳步走向成熟,迈向成功。

(四)充分激发高校文化创造性,提升教育水平

高校文化对于社会文化发展有旗帜性和示范性功能,同时也因为高校具有追求高尚价值、引领社会思想和社会文明的文化意识和文化自律,其文化先进性也为人类创造精神的培育准备了广阔的自由空间。在构建社会主义新型文化体系的过程中,高校文化不断创造先进的思想理念和文化形态,蕴含着极大的文化创造能量,让高校理性光芒照亮全社会。高校文化要以此为新的增长点,在全面筛选、深入吸收、有效整合的基础上不断创造反映时代特征的新知识、新思维、新观念和新精神,最大限度地保护并激发青年学生的探索精神和创新思维。高校文化的这一功能,最终将促使大学生在自尊、自信、自强的精神状态中充分反思人生的价值,不断明晰发展需求,进而突破传统限制,发掘自身潜能,凝聚起兼具民族特色和时代风采的智慧和力量,为实现发展新目标而努力奋斗。

(五)大力强化高校文化实践性,改善教育成效

实践是思想精神传导的重要载体,人们在体验生活和体察社会的过程中学习和运用正确理论,并使之转化为自己的思想认识和理想信念,不仅能激发深层的参与精神,而且能激发政治心理的转向和回应,实现思想道德原则与社会发展方向的高度一致。正如马克思主义实践观关于实践性质的描述,社会实践是人们对于外界认识的真理性标准。高校文化的实践精神不仅要帮助大学生全面了解国家和社会对人才的需求,进一步增强学习动力,而且要给予他们充分的选择自由,鼓励他们以主人翁身份去参与社会建设,引导他们在生活体验中培养批判性思维能力和决策能力,增强社会责任感,

树立起爱祖国、爱民族、爱社会、爱人民的情感立场，为社会持续发展不断注入强劲动力。

此外，高校文化自始以来就摒弃封闭，博采众长，主张积极地与不同文化进行对话，以理性的态度和创新的精神加入世界文化发展的潮流，在促进高校自身和谐的同时，为协调高校与社会的关系提供支持和保障，因而是开放社会新文化秩序的建设力量。理想信念教育的价值根植于对生命的思考，生命是社会生活中开放性、未来性的生命，面对各种思想文化相互交流和多元、多彩、多变的现代世界，理想信念教育体系也必然是一个开放系统。我国高校应让自身文化承载人类价值理想和向往，有力地激发大学生为实现更高层次需求而完善自我的信心和勇气，同时主动建设文化合作和联动机制，把握大学生生命律动，全面协调成长进程中的困境，拓展生存发展空间，实现个体发展与社会发展的统一，这也是"中国梦"共同理想确立的必要价值基础。

高校文化创造源泉涌流，是全民族文化创造活力持续迸发的重要保证。社会主义文化强国建设为包括高校文化在内的社会主义文化大发展带来了新契机。广大青年必须坚持远大理想，把个人奋斗同人民为实现中国特色社会主义共同理想的奋斗紧密结合起来，不为任何风险所惧、不为任何干扰所感，矢志不渝朝着崇高理想奋进，在为党和人民事业的奋斗中创造人生辉煌。

第三节 高校文化德育的基本原理

文化创造了人，人也创造了文化。高校育人把积累、传承、发展和创造文化作为重要任务和根本手段，用先进文化成果塑造有文化道德责任、文化理想追求和文化继承建设能力的"文化人"。这种"文化人"有共同的文化思维和理想，在充满文化活力的成长过程中，秉持文化自觉与自醒，一方面接受高校先进文化的润育和洗礼，主动传承文化，不断完善认知水平和能力；另一方面以高度的文化理性接受主流价值标准和行为规则的引导，逐步形成适应于现实社会的人格素养，实现个人与国家、民族及社会的深度融合与统一。文化与德育的联姻是顺应潮流的趋势，更是两者相互制约、共生互进作用的结果。德育内容主要来源于文化价值观，可以说，文化是教育概念的根，堪称德育的"本来之寓"。用"文化的观点"研究德育，不仅构建了充满人文内涵的德育情境，而且在德育价值回归中引导了高校德育实践，对于高校育人及社会高素质人才培养具有基础性意义。

一、大学生文化思维的特性

从社会发展视角审视，文化孕育青年，直接或间接地给予青年人生哲理，为青年的全面发展营造环境、提供精神动力和活力源泉。同时，文化发展、青年先行，青年自下而上传承、弘扬、发展、创新社会文化的活动对社会文化生活有着积极深远影响。纵观我国近现代社会，青年文化可以说是社会文化的重要内核，特别是现代社会新文化主力影响结构的变迁，青年文化创新性作用更为明显，革命性影响也越发显现。

随着我国政治、经济、社会和文化变革的推进，青年文化在表达方式、内涵指向及与主流文化的关系等方面都发生了较大变化，呈现出青年群体特有的思维品质，深度折射出青年自我认识和社会定位的转变。青年文化的形成不仅是青年习得文化知识、汲取文化精髓的过程，更是青年实践文化理念、创新文化领域、引领文化时尚的过程。作为中华文化的传承者和传播者，青年既要努力学习中华文化的优秀成果，自觉培养高度的文化自觉和文化自信，又要主动作为，深入开展文化实践，传承文化"精气神"，为弘扬中华文化、增强国家文化软实力、建设文化强国肩负起使命。

国内有不少专家学者曾对改革开放以来我国大学生思想道德特征流变历程和价值取向发展阶段做过梳理，相应的轨迹无不反映出道德价值观与文化律动的息息关联。作为依托青年知识分子构建并创造的特殊文化形态，大学生文化思维以相应的知识层次和理性追求为基础，受高校文化发展水平的影响和制约，凸显出科学、民主、平等、自由、开放、创新等现代大学精神，体现着当代大学生思想、观念及心理等方面的新发展和新诉求。它拥有适应大学生特点的独立认识判断和价值体系，这种文化可以说是大学生借以感悟人生、认识社会并对生存状态、现实生活进行表达的重要载体。由于生理与心理的固有特征，大学生在对文化现象的本能反应中，主动观照自我实际，积极模仿社会时尚，竭力通过寻找自身社会位置获得心理保护和尊重。我们应当看到，校园文化之外的社会文化是广泛通行于社会大众层面的文化形态，具有内容通俗化、格调感官化、形式简单化及包装时尚化等特点，为大学生构建起了多重文化影响路径。它在工业社会的市场化扩张中孕育并形成，社会及市场环境是它的试金石。作为"文化新人类"，处于多元文化交融的前沿，大学生群体中流行文化的产生和发展受社会经济、政治、文化及大学生身心特点等多重因素影响，它从校园文化、社会文化中衍生而来，很大程度上反映出这些文化形态的阶段性发展要求，但并不完全附属于这些文化的全部发展走向，兼有两者特点，又按需发展。

当前，我国社会关系不断丰富，社会结构和体制日益严密和复杂，社会发展也屡屡呈现出不平衡、不协调、不可持续等问题。大学生正处于社会化进程的实质阶段，从自然状态向社会状态的转变过程要求他们必须在社会认可的行为标准中形成自身的行为模式，使自己成为符合社会要求的社会成员。社会生活中，他们要学习社会知识和运行规范，发展自己的社会性，取得参与社会活动的资格；同时，社会也按相应价值标准把他们培养和教化成符合其要求的社会成员。由于大学生思想开放、思维活跃，他们不仅寻求适应社会的行为方式，而且也拥有积极参与社会变革的迫切意愿。社会文化发展遵循社会组织原则和运行规律，并通过各类传媒向全社会急速铺开，其呈现出的奋斗发展理念、公民责任意识、团队协作要求、职业道德准则、法律规则标准、公益服务精神及家庭道德目标等内容具有文化教化的强劲覆盖力和穿透力，使大学生社会交往方式发生了极大改变，克服了"点对点"交往的局限性，实现了与社会"点对面"的交集，甚至发生了全方位的接触。大学生置身于多元文化充斥的社会环境中，获得了前所未有的思想交流空间和自由天地，因而在接纳文化潮流的时代变迁中，他们不仅能够率先做出反应，而且产生许多超越文化领域的行为结果，对于社会文化的发展也是新鲜补充和积极推动。

二、社会流行文化对大学生发展的影响

文化对置身于其中的人们的社会性观念与行为，起着规制和引导的作用。大学生社会化过程是大学生成长发展过程中不可逾越的特定过程。在这一过程中，大学生面对个体身心发展和现实生活中的种种矛盾，逐步成长、发展，实现个人与社会的密切融合和高度统一，思想道德认识也就需要有质的突破。高等学校处于较高的文化层面，精英文化使大学生能够在更高的层次上完成社会化的过程，这种文化解读式的社会化可以穿透大学生发展的诸多瓶颈，使许多观念性问题迎刃而解。随着全球化发展，不同国家和民族的思想文化逐渐融合，理想信念、价值追求领域多元化趋势已是必然，作为社会流行文化的积极追逐者，大学生对于新的信仰文化选择个性化趋向明显。同时，大学生社会化进程是在文化思潮引导下逐步形成文化价值体系的过程，其间开放式成长环境必然使他们与社会各种文化亲密接触。

集新异性、规模性、时效性等特征为一体的流行文化的涌现，不仅有助于大学生个性化风格和主体意识的彰显与发扬，而且有利于大学生对社会文化发展的推动与创新。在构筑文化新语境、制造文化新符号、构建文化新关系的社会文化体制转型升级中，大学生社会化进程迎来了崭新时代。我们可以不断看到，在新型的社会关系、教育理念和文化潮流的影响下，大学生素质发展突破传统教育标准化、同步化、集中化的限制，他们人生观、价值观及道德观的确立发生着嬗变。

当前，社会经济繁荣为文化的生产和消费提供了物质支持，大众传媒繁荣为文化的传播提供了畅通的渠道，流行文化已全方位地覆盖了人们的文化消费空间，虽在时间流逝中会此消彼长，但流行文化的延伸之势已不可遏制，并且在一定条件下有可能向社会主流文化辐射和转化。

（一）影响思想政治素质的定位

文化发展受到所在社会意识形态的深刻制约，但同时也反过来能动地影响社会意识形态。在社会大环境中，社会凭借自身管理手段，传播政治信息和意识形态，使大学生接受一定的政治行为及思维模式，实现社会政治文化的传承。可以说，社会教化与个体内化的对立统一是大学生政治素质发展的基本存在方式。流行文化的影响流动于社会教化和个体内化的过程之中，制约着社会教化的统一性和个体内化的积极性，微观上作用于大学生政治人格的成长及其倾向，宏观上影响着社会政治文化的延续和转化。经济社会多元化思潮使得大学生文化现象更多地体现了市场经济的意识形态，其政治色彩已经大为淡化，理想远逝、功利凸显，甚至蕴含着对主流价值观及社会权力体系的否定和颠覆，道德关怀与道德嬉戏共存与对峙，表达了大学生对政治教化的漠视与质疑，这也制约着大学生内化社会政治教化的自觉性和主动性。我们应当看到，一些社会流行文化在很大程度上缘起于人们"逃离政治"的心理，这一发展基础切合大学生在政治失语之际寻求新的价值依托的政治文化需求。当然，流行文化对大学生思想政治素质定位也有积极的校正作用，尤其当其内涵富有国家兴亡、民族尊严等色彩时，就会激发起其内心深厚的政治能量，他们以积极理性意识和责任担当对社会倾注道德关怀，成为重要的社会道德审判力量，奥运文化、世博文化等的流行和发展就是其中的典型例证。

（二）影响个体心理素质的完善

大学生处在培养社会角色能力的黄金时期，意识观念渐进式形成，能否运用科学的道德标准来调节自身与群体其他成员之间的关系、指导自己融入社会群体，是其社会化进程的关键。文化充满丰富的情绪化因子，是影响社会成员心理素质的重要因素。大学生的心理尚处于不成熟和不完善期，虽然在接触社会过程中心理调适自主性有所发展，但仍存在不少心理弱区。他们的心理活动倾向于外部世界，"协调性愿望"和"差别性愿望"反映出他们在与同辈群体保持步调一致、不甘人后的同时，又希望能区别于他人。反观一些流行文化的影响，它发端于大学生缓解压力、寻求补偿的心理需要，极大地缓解了现实生活的枯燥和压抑，让他们暂时得到了某种替代性满足，心理压力得以释怀。同时，边缘化处境滋生了他们的孤独感和权利剥夺感，情绪负性体验促动反叛意识，导致他们追求个性张扬，在行为意向上表现出抵触和逆行。可以说，流行文化表现出对社会秩序和正统价值观的"嘲讽、批判和肢解"，强调求新求变，倡导自我表现，使得反传统性的文化诠释成为大学生心理的倾向性特点。

（三）影响综合文化素质的培育

大学生社会化进程是在文化追求和消费中不断推进的，同时，在这个过程中他们自身的文化素质也得以塑造。流行文化有其特定的文化定位和追求目标，这些定位和目标直接影响了社会生活中人们的思维方向、表达喜好及审美情趣等文化追求。流行文化具有的特殊消费性使其成了一种可复制的、唾手可得的东西，是一种平面性的、无深度感的、无深刻含义的东西，特别是娱乐化倾向的升温和膨胀，折射出的恰恰是文化原创力的缺失，凸显的是艺术创造力的匮乏，表现的是审美感悟力的滞后。由于形态上主要表现为娱乐、游戏和消遣方式，流行文化产品更多地充满了感官享受、情感娱乐和梦想意象，忽略文化的思考性、启迪性及教育性。它们在自我放松地制造和积累顾虑的同时，也为大学生群体社会化进程中出现心灵荒芜、感觉粗糙、意志脆弱、情感迟钝等消极状态孕育了土壤，这种感性崇拜的审美倾向通过对感性欲望和自由享受的肯定，否定了经典和权威的文化权力，对于当代大学生文化素质的培育无疑是一种严重的阻碍。

（四）影响自我发展素质的构建

个体发展是大学生走向社会进程中的核心问题，流行文化也应对其发展意识及水准的养成有积极作用。在倡导个性化的时代，许多大学生渴望表现自我，引人关注，伴随着流行文化活动中"一炮走红"及"一夜成名"等个案频现，他们追求成名的愿望与梦想快速激发与膨胀起来，常态心理在深度消解中变化。当然，流行文化在世俗化发展中较为深入地拓展了现代文化自由与民主的空间。

三、大学生文化生态的现实反思

社会学原理告诉我们，人是一定历史条件和特定社会关系下的实践主体，人的全面发展体现在和谐稳定的社会生活状态中，这是科学有效的社会管理的根本目标和价值追求。文化的功能及趋向要在社会发展的洪流中加以检验，面对知识结构较为完善的大学生群体，更要从促进大学生全面发展的终极目标中深入剖析和审视相应影响机理。

（一）价值理念反思

社会核心价值观是个体社会化的内在动因，是社会化产生、发展的航向与指针，这也成为统筹社会管理的首要基础。由于大学生社会化程度比较低，自身的辨别能力还比较弱，理想信念意识相对欠缺，自我构建和改造能力不强，当他们处于形形色色文化的包围之中时，价值追求的肤浅性、短期性、单向性加速显现，物质外在表现往往牵动他们在社会现实面前向高消费、重享乐看齐，理想精神退化使他们中的不少人进入"为物所役"的状态，在追求新奇和时尚的价值理念之下，不少社会流行文化一味迎合大学生寻求感官刺激、心理发泄等阶段性成长需求而哗众取宠，忽略了健康的精神和心灵归属，冲淡了他们对精神价值、道德理想、人性全面发展的追求和企盼。大学生对纵欲主义、颓废主义、虚无主义、享乐主义放任玩赏的态度，很大程度上影响了其科学价值观的形成，也使得他们的思维独立性和创造性不断减弱和消融。

（二）人际关系反思

人际关系主导着个体社会化的进程与品质，协调人际关系是社会管理的核心与关键。大学生群体文化的走向更多的是展现了其理性的自主自由、平等民主的人文精神。但是，一方面，在开放社会中，流行文化形态以短期利益的协调形成引导优势，西方资产阶级的许多意识形态、价值观念和文化思想对大学生的行为选择时有影响，以自我为中心、个人主义、利己主义等不良思潮也易成为大学生在社会中处理人际关系的准则；另一方面，现代信息科技的突飞猛进为大学生的个性化发展提供了广阔空间，并已经成为大学生文化交流与传播的主要途径。随着信息产业迅猛发展，网络文化已成为具有高学历大学生群体文化的重要组成部分。网络社会开放而隐蔽，人际关系双向性强、互动性高，人人网、微博、微信等不少社交型网络集中让个体自由表达、充分沟通、贴近需求等信息传播的优势，搭建了充满生气的人际交流平台。相关报告显示，2013年我国手机网民规模不断提升、以社交为基础的综合平台类应用发展迅速、手机端电子商务类应用使用率整体上涨。但也要看到，曾有一时，大学生过度沉迷于网络提供的虚拟环境中，传统的"面对面"交流方式被"键对键"取而代之，他们疏远现实，信任缺乏，兴趣点、兴奋点偏移，无法感受到真实的社会交往，在人际关系中容易趋向孤僻和冷漠，尤其当他们的一些诉求往往只能在网络世界实现时，他们就会把更多的时间和精力投入虚拟空间中，进而形成网络依赖心理，这也给我们提出了加强"虚拟社会"管理的新课题。

（三）行为方式反思

人的行为方式是其社会化的外在表现，直接体现了社会化的结果，引导和规范行为方式是社会管理的具体工作内容。一些社会流行文化处在远离主流意识形态的边缘位置，在一定程度上消除了主流意识形态对公众视域的统摄，追求精神愉悦和快感，显示了自身的自主自由性，对大学生转换视角认识世界、树立现代新型发展理念起到了促进作用，也在一定程度上缓解了他们成长中的身心压力。但是，随着"时尚消费"观念的极度现实化、享受性转变，大学生文化消费中追逐前卫和新潮的心态愈演愈烈，消费方式越发崇尚个性和品位。

可见，大学生文化在实现通行目的的过程中，往往会突破既有的文化价值和行为原则的束缚，表现出与社会主流文化追求相对立的一面。审视这一紧张关系及影响，我们要以批判性的立场和策略来调和其中的对立与冲突，积极改善文化的德育功能，实现大学生全面发展和社会和谐发展。

四、大学生文化的发展策略

面对当前我国社会文化发展及影响的客观实际，大学生文化发展应及时有效地纳入社会整体文化建设的格局，把握大学生的思维方式、认知方式和话语体系，通过文化价值、教育载体、传播技术等要素的全方位整合与提高，有效积聚正能量，在建构和谐文化格局中协调大学生与社会的关系，切实服务大学生社会化发展进程。

（一）立足社会文化本源，挖掘文化育人价值

社会主义文化发展倡导尊重差异、包容多样、百花齐放，但这并不意味着放任自流和各行其是。全球化和一体化趋势使得包括经济、政治、文化以及社会生活各领域与世界的联系都在加强，各民族文化不可避免地被纳入世界一体化范畴，但文化的民族化印记即便在消费文化中也无法完全泯灭。在文化互动性不断提高的同时，文化在跨越国际的发展潮流中仍要保持民族特色，体现特定的文化特征及价值取向。当前，我国大学生文化的培育要立足高度的文化自觉和文化自信，以社会主义核心价值体系为引领，注重弘扬主旋律，确保文化发展走向健康和科学。一方面，我们要坚持文化为促进大学生全面发展服务的思想，深入发掘其优势和长处，规避社会流行文化中无意义、无根基的形式化倾向，保障大学生在文化价值追求形成中享有真正自由与独立。另一方面，我们也要着眼于提高民族素质和塑造高尚人格，把握主流文化与非主流文化间的辩证关联，用先进文化占领大学生文化教育的制高点，主动抵制社会文化中一味迎合大众心理的低俗倾向，努力化解其中物质主义、享乐主义等反主流思潮的负面影响，培养大学生理性的文化价值观念，在确立大学生正确行为规范中奠定社会和谐发展的根基。

（二）发展特色文化品牌，确保文化建设方向

文化的产生离不开具体的历史背景和文化语境，具有自身的特殊性。我们要把握社会主义文化大发展大繁荣的根本原则，树立精品培育意识，着力提升社会热点文化活动的品质，建设特色鲜明、主题突出、富有创新和教育意义的文化品牌，并不断扩大覆盖面和影响力，促使更多大学生在社会文

化洪流中理性认识文化生活与自身成才发展的关系，辩证地批判、接受和发展社会文化。高校校园文化中大量充实着精英文化和主流文化的内容，最能使大学生在文化价值体系构建过程中受到精神陶冶和人格感染。高校要围绕社会核心价值体系的精神内涵，科学建立长效运作的文化品牌建设机制，在不断满足大学生多样化多层次需求、解决发展矛盾和困境中凝练特色、提升层次，为大学生社会化进程创造开放联动的文化环境。

（三）关注网络社会发展，改善网络文化交流

当代互联网技术已成为重要的社会基础设施，网络社会的出现和发展使传统社会生态发生了新变化，就此而言，互联网管理已是社会管理的重要形式之一。从论坛到 QQ、博客、微博、微信，网络技术使文化的传播更加广泛和深远，超越国界、跨越时空，极大地改变着大学生的思想行为和交流方式。社会管理创新，离不开"虚拟社会"管理创新，我们要立足现代网络自主、平等、开放、互动等特点，坚持"善待、善用、善管"原则，把握网络传播的基本规律，积极发展一大批具有时代特点、适应于大学生身心特点和成长发展需求的网络文化交流阵地。同时，我们还要从占领文化传播制高点和掌握信息化条件下宣传思想文化工作主导权的高度，建立和完善网络文化工作的协调、监督、保障及评价机制。作为文化教育的技术创新，我们要深入研究并充分运用高科技手段传播优秀文化，积极发展中国特色网络信息文化，不断丰富网络传播的新形式和新内容，强化大学生网络道德意识和自律精神，及时校正并减少网络道德失范行为，构建有序的网络文化生态系统和网络精神家园，使网络载体成为传播社会主义先进文化的前沿阵地和促进大学生成长成才、全面发展的服务平台。

（四）建设文化培育机制，构筑协作发展格局

文化软实力概念确立了文化在完善社会管理工作中的地位和作用，同时也要求我们应积极依靠先进文化来加强社会管理、引领社会发展。大学生文化作为全社会文化生态系统的组成部分，它的发展需要多方协作、共同引导、形成合力。文化培育机制的建设要关注和尊重大学生们的精神需求，从高位回归生活，关切他们成长过程中的困惑和迷茫，为他们健康精神品质的发展提供保障和引导，进而最大限度地减少对抗因素，最直接地维护社会和谐，为社会管理活动创造稳定的发展环境。高校要以开放博大的姿态将各种

文化形态中的积极内容引入校本课程,允许课堂主阵地成为文化对话与反思的空间。政府要立足主导地位,把文化建设摆到突出重要的位置,协调与社会相关机构及企事业单位的关系,加强社会文化基础设施建设,完善公共文化服务体系,同时要充分重视文化发展的道德与法制建设,让大学生在文化产业大发展中享有充分的文化权益,这也是为深化高校文化育人工作创造良好的社会环境。

不断开创全民族文化创造活力持续迸发、社会文化生活更加丰富多彩、人民基本文化权益得到更好保障、人民思想道德素质和科学文化素质全面提高的新局面,建设中华民族共有的精神家园。大学生与社会的协调发展是大学生为社会发展服务、社会为大学生发展服务的良性循环。面对富有时代气息的大学生群体,我们要在德育原则和社会规范的指引下,挖掘高校及社会文化的独特育人价值,把握社会教化和个体内化的基本规律,按照"体现时代性、把握规律性、富于创造性、增强实效性"的思路,积极联动道德教育,促进各类优秀文化与大学生良性互动,进而构筑和谐共融的文化德育体系。

第三章 文化战略与高校德育体系的整合

第一节 文化战略的背景产生

构建文化战略背景下的德育体系,实质上是从文化学的视野或运用文化学的相关原理,对道德教育体系进行的研究。在道德教育体系研究中引入一个文化的立场,将使道德研究更能够回归到本真,可以说,是一种道德教育的元研究。建构有效的德育体系是道德研究中的重要组成。当然,德育体系的建设离不开文化因素。这不只是道德和文化的关系使然,与德育体系建设的科学依据有着重要的关系。

一、文化战略的内涵及意义

（一）文化战略的内涵

随着各文明主体交流的日渐扩展和深入,文化的迥异逐步取代政治意识形态、经济利益的分歧,从更深层面上显示出来。文化的地位正发生前所未有的转变,由配角上升为主角。世界经济的文化地图开始形成并凸显出来,预示着世界经济格局的分化与调整,调整的力量来自文化。

从微观看,文化已经不单单纯粹是一个国家、一个民族或一个组织的内在灵魂,而是它们外在的可见的基石。文化特质与行业特性同顺逆成败规律的发现,则进一步深刻地揭示了人类社会运动、变化、发展的内在逻辑,这是重要的生产力发展规律。这一切变化与发现向我们提出了最重要的发展战略——文化战略问题。如果我们没有文化战略或不重视文化战略,没有一定的文化战略的选择和调整,那么,我们的发展仍将是基于特定政治、经济的目的,缺乏稳定的、持续的发展方向。对于国家、民族、团体,甚至个人,自觉的文化战略选择,都是当务之急、重中之重。

（二）文化战略的意义

在全球化、信息化的背景下，文化战略的主要作用表现在以下几个方面：

第一，文化是当代国家间竞争的内核，决定着世界格局。未来竞争的根源来自文化的差异，而以政治、经济利益的冲突表现出来，政治经济竞争服从文化的竞争需要。文化战略的通透和精准，涉及一个国家或民族的走向和成败，文化战略的深刻始终把握着群体的命运和持久性。文化战略之间的竞争是最根本和最后一轮竞争，决定着民族、国家、地区和公司的命运。

第二，文化成为发展战略最基本和最关键的要素，文化战略开始占据发展战略的中心。马斯洛把人类需求分成生理需求、安全需求、社会需求、尊重需求和自我实现需求五类。在生产力比较发达的今天，人类的生理、安全、社会需求在很大程度上得到满足，进而追求更高层次的需求。尊重需求和自我实现需求主要依靠文化的作用体现出来。因此，人类更加关注文化，实现人的全面自由发展，更加依靠文化战略。实践中，从联合国教科文组织到企业的战略规划部门，已经把文化纳入了和平与战争、发展与停滞这样一个生死攸关的层面上进行决策。

第三，文化战略是全球化中不同群体的"身份证"。在全球范围内为自己定位，也是塑造国际形象的重要实现方式。整个中国的近代史可以说是不断向欧美学习的历史，从器物到经济、政治制度再到思想、文化，我们可以发现，学习文化是最困难的，文化的转变是长期的、持久的。在全球化的今天，随着人们之间交往的深入，文化之间的差异不是慢慢消失，反而是日渐清晰。文化战略可以帮助族群自我识别，区别彼此。在当今全球化进程中，我们要制定明确的稳定的文化战略，引导社会健康发展。保障人民权益是国际形象塑造的核心内容。文化战略为经济、政治、社会建设提供了人文导向，其根本目的在于人的发展，因此，文化战略代表国家的形象。

第四，文化战略是保持文化扩展和传承的重要手段。人类发展史证明，文化只有在不断地交流和碰撞中，才能逐渐发展壮大，保持持久的生命力。但是，处于弱势地位的文化，往往有被淘汰的危险。由此可见，文化战略不仅仅是强势文化推销自己的战略，更是弱势文化保持延续的重要手段，也是保持文化多样性的方法。中华文化相对于目前欧美文化在全球中的地位和影响，明显处于下风，我们的文化正在受到欧美文化的冲击：欧美影视、艺术深刻影响着中国青年人的价值观，道德观念在市场经济的影响下日渐欧美化，等等。文化的落后是导致政治经济社会全面落后的根源，而物质领域的落后又严重制约着文化发展。我们在大力发展经济社会的同时，一定要高度关注文化发展，制定明确稳定的文化战略。

二、我国文化战略现状

我国经济实力已经有了很大提高，但是，综合国力特别是国家软实力却有待于提高和发展。为此，我国提出了"和谐文化战略"。大力进行社会主义文化建设，强调了推动社会主义文化大发展大繁荣的战略任务，强调大力发展文化产业，增强国际竞争力。这是我国在文化战略方面的指导性文件。

在实现全面建成小康社会奋斗目标中，明确提出了要提高全民族文明素质。具体方法是建立社会主义核心价值体系，树立良好思想道德风尚，基本建立覆盖全社会的公共文化服务体系，大力发展文化产业，提高文化产业占国民经济比重，注重国家软实力建设等。这些方面正是文化战略的基本目标。为了落实文化战略，报告提出了重要举措：

一是要构建社会主义核心价值体系，这是我国文化战略的根本。其主要内容包括：马克思主义指导思想是社会主义核心价值体系的灵魂。坚持马克思主义的指导地位是建设社会主义核心价值体系的根本要求。中国特色社会主义共同理想是社会主义核心价值体系的主题。

目前，建设中国特色社会主义是我们全社会的共同理想。在全社会树立和弘扬这一共同理想，是和谐文化建设的根本任务。民族精神和时代精神，既是社会主义核心价值体系的精髓，也是文化战略的精髓所在。大力弘扬民族精神和时代精神，使全体人民始终保持昂扬向上的精神状态，是和谐文化建设的主旋律。社会主义荣辱观是社会主义核心价值体系的基础，是对人民群众基本的道德要求。确立和实践社会主义核心价值体系，必须以全体社会成员的道德修养和素质为基础。它明确具体地指出，在社会主义市场经济条件下，应当坚持和提倡什么、反对和抵制什么，为全体社会成员判断行为得失、做出道德选择、确定价值取向，提供了社会成员最基本的道德底线。

核心价值体系的建构是一项系统而复杂的工作。近代西欧资产阶级确立其文化核心价值体系，从15世纪的文艺复兴到启蒙运动历经数百年。中国古代文化核心价值体系整合过程长达上千年。中国特色社会主义核心价值体系是伴随着中国特色社会主义建设事业逐渐发展并走向成熟的。

核心价值体系的建设必须具备下面的条件：首先，确立族群核心利益，明确族群文化特质；其次，树立文化的自信，保证族群对于本族文化的信仰；再次，培育大批忠诚的践行者，文化精英特别是道德楷模的树立；最后，在人民普遍认同的基础上形成普世的制度，并持续下去。

二是"和谐文化"是我国新时期文化战略目标。"和"的理念在中国传统文化中早就出现，"和而不同"是对"和"理念的阐释。"和"既是一种基本的哲学追求，又是一种基本的思维方式，它是古代文化战略对内的基本准则。建设和谐文化是针对社会主义市场经济条件下，社会风气沉沦、道德风尚败坏的社会现实提出来的。在社会转型期，纷繁复杂的利益纠纷的背后是文化问题，是价值失序和道德失范。因此，和谐文化建设是我国针对现实提出的具体文化战略。

三是传承并弘扬传统文化是文化战略的主要任务，也是文化战略的重要内容。这就要求对传统文化要辩证地分析，取其精华，去其糟粕。在中国这样具有悠久历史传统的国家，制定文化战略，传统文化无论如何都不能被忽视。传承并弘扬传统文化的目的在于寻找中华民族共有的精神家园。

近代以来，囿于现代与传统对立的思维定式，我们不能站在客观科学的立场去分析传统文化，对传统文化否定多于肯定，没有任何科学分析，就习惯性地把近代落后的责任全部归到祖先那里。每一次文化的重大发展都是从批判否定传统文化开始，在新文化站住脚后，却竭力从传统文化中寻求根源和养分。传统文化是中华文化的根源，是中华民族生存繁衍的基因，文化战略应该以此为根基。

四是"文化创新"是文化战略实现的主要方式。当我们提到创新往往指向经济、科技领域。实际上，相对于经济、科技创新，我国在文化领域的创新更加落后并且仍然没有被足够认识。"推进文化创新"，既有创作创新，也涉及体制改革、体系构建问题，具体表现为发展文化产业，进行文化体制的深刻改革。

总之，文化战略是提升国家"软实力"的重要手段，是国家发展战略的核心和提高综合国力的关键，凸显出第一生产力的作用。

那么，处于文化战略大背景下，作为文化传承和发展重要载体的高校德育应当如何应对，这是摆在德育工作者面前的重要任务。

第二节 文化战略与高校德育的关系

高校德育工作不是短时间内能够完成的，需要与我国的文化战略相结合，这样才能够保证高校德育工作的科学性和有效性，而且文化战略中对传统文化的相关建设，也能让大学生更全面地了解中国的传统文化，实现德育的目的。

一、德育的文化属性

德育的文化属性是指在德育中存留着其文化母体的某些印记和特性，肩负着文化的某些使命和功能。从德育产生根源来说，德育脱胎于文化，是文化精心孕育的产儿，是在文化的滋养下逐渐成长的。

就目前我国高校德育而言，德育不仅与文化母体之间存在紧密的联系，而且还承载着传承并复兴文化的任务。因此，我们可以说，德育具有文化的身份和属性。德育，从字面简单理解，就是通过道德教育使受教育者学会做人，这是文化固有的功能，是文化社会化的重要方式。

在德育发展过程中，逐渐走向专门化、独立化、体制化，这绝非要跳出文化的怀抱，而是文化的功能已经内化为德育的功能，德育的文化属性内化为德育的本质属性。但是，随着专业划分越来越精细，理性和科学对于德育领域的侵蚀，人们对德育的研究往往脱离了文化的本质属性，反而追求通过量化的、实验的方式去探索德育的外在规定性，结果导致了机械化、理性化、知识化的知性德育的产生。随之而来的是德育体系发生了重大转变。德育内容以知识性为主，德育方式强调灌输，德育效果在于为政治、经济服务。这一切导致德育事业濒临危机的边缘，而更可怕的是，人们对德育形成了一种本能式的抵触情绪。

实践中，当我们认为某些主体需要德育，我们往往认为，这些人在道德上存在问题。德育本质上是把作为人的存在方式的文化教给受教育者，结果却遭到作为本体的人的反对，这说明我们的德育出现了重大原则导向性问题。这彰显了德育回归其文化属性的重要意义。

如何才能使德育回归其文化的属性？这是文化战略对于德育的价值所

在。要使德育回归文化本性，必须把德育体系建设纳入文化战略中来，以文化战略思想为指导进行德育建设。

在文化战略指导下的德育必然从属于文化，这是德育获得持久发展活力的保证。这包括以下几个方面：

第一，德育成为文化的重要组成部分。这意味着德育体系必须建立在文化战略的体系框架下，德育内容、德育方式、德育主体，都要服从和服务于文化战略的需要。

第二，德育是文化的内核。文化怎样传承和发展德育是最重要的方式。中国传统文化正是通过对"化外之民"的道德教化，通过"言传身教"的方式向外扩张，并在扩张中不断发展完善。"化"在很大程度上就是指道德教育。因此，可以说，在文化的庞杂复杂的体系中，德育居于核心地位，其他文化组成部分都要依赖于德育存在而存在。

第三，德育是文化的灵魂。文化对于人的最终价值在于赋予人特定的生存和生活方式，决定着人的价值观、人生观，规定着特定群体的大致走向。德育的最终目的在于，帮助人们树立正确的价值观、人生观，赋予人们生存和生活的能力和素质。从这个角度看，德育是文化的灵魂，德育决定着文化根本价值的实现。

由此可见，现代德育体系的建设离不开文化的土壤，必须要扎根于文化战略之中，凸显文化对于德育的重要价值，在德育课程设置、德育方式方法、德育模式等方面，都要以文化为本。文化战略不仅能够通过建设核心价值体系、弘扬传统文化，增强民众凝聚力，更在于在传承和交流过程中，把握先进的时代内涵，为人们在变化莫测的经济社会竞争中始终有坚定的前进方向，并提供一种稳定的精神归宿。

文化战略的构建，绝不能等同于政治、经济发展战略的制定，而应该是具有全局性、前瞻性、长远性意志的体现，这是由文化的特质决定的。文化战略的形成，不能依靠政治动员，也不能仅仅停留在说教式的口号，更不能受到眼前利益的驱使。文化战略对于社会具体行业、具体部门来说，具有普世性，对经济而言是文化经济，包括文化产业发展、文化创意、文艺创作，等等。对农业而言，就构成独具特色的农业文化；对高校德育，就要求建立一种适应文化战略发展的新型大德育体系。

二、对高校德育体系进行文化重构的可行性

文化与德育的契合点在于根本目标的一致性。文化是本质，德育是外在实现方式。所以，对德育体系进行文化的重构是完全可能的。但是理论上的推论。在实践中，德育的文化重构却要困难得多，主要是来自政治、经济领域的干扰。

文化是人的存在方式，人只有根植于特定文化才能称其为人。人的全面自由的发展是文化的根本追求。抛开政治化德育带给我们的误区，从德育的文化属性来看，德育的出发点不是要禁锢人的思想，限制人的自由，而是要把人的存在方式通过增强人的能力和素质赋予人。可以说，人类通过种族繁衍的方式实现肉体的延续，人类则通过德育的方式实现了精神的延续。

另一方面，文化和道德都具有相对稳定性。在道德内容不变、文化保持原样的环境下，德育体系的转变几乎是不可想象的。这说明，文化转变是进行德育体系转变的前提，德育体系转变、德育方式的转型，都必须根植于文化战略之下。这是文化战略和德育的又一契合点。

当前，我们倡导"和谐文化"，追求可持续发展，坚持以人为本的理念，这要求德育体系进行相应变革，以适应文化的要求。德育脱胎于文化，成为文化传承和发展的重要手段，具体表现在德育具有文化的批判和文化传递的功能。

所谓德育的文化批判功能，就是德育根据其根本价值和目标，为实现人的全面自由的发展，对社会文化现状进行分析，对社会运行做出评价，对人们的精神状态做出肯定性和否定性评价，倡导社会主义核心价值体系，从而引导社会文化向健康方面发展。

改革开放以来，我国经济社会取得了巨大成就，政治经济结构已经发生并正在发生剧变。当前，我国进入重要的战略机遇期，社会"转型"既是中国社会的最基本特征，也是文化发展的大环境。社会转型是整个社会机制的转变，政治、经济、文化、道德，以及人们生活方式都受到影响。特别是在文化领域，社会转型促使人们主体意识的生成，增强了效益观念和求实精神；另一方面，由于社会主义市场经济体制不够完善、民主法治建设不够健全，尤其核心价值体系还没有完全落实的社会条件下，各种不同类型的文化开始占据人们的思想，对人们的价值观、人生观和人们生活方式构成了不可

忽视的影响。

针对现实社会的多元文化并存的境地，我们必须立足德育的本质目标，促进正统文化的传承和发展。也就是说，通过对现实文化的批判，进而做出选择，在实现人的社会化进程中实现文化的传承和发展。

德育的文化传递功能是德育最基本的功能。传递功能总是在潜移默化中发生作用。当前，我国德育的缺陷已经严重影响到德育文化传递功能。诸如，我国德育过分强调理性化的政治色彩；在方式上强调单向灌输，被教育者处于被动的、被控制的处境中；缺乏主体性，教育者与被教育者之间的关系不是平等的；整个德育体系严重滞后于社会发展的需要。与此形成强烈对比的是，文化多元化背景下，人们的主体意识空前强烈；社会利益主体多元化带来价值选择的多样化；人们对德育的文化需求日益强烈。这就造成了德育文化传递功能的丧失，德育被边缘化。在文化战略背景下，我们应该站在德育文化源泉的立场上，进行德育体系的重建，给德育赋予浓郁的文化色彩。当然，这里的文化是指文化战略要传承和发展的文化，是国家的主体文化。

教育家卢梭说，千万不要干巴巴地同年轻人讲什么理论。如果你想使他们懂得你所讲的道理，你就要用一种东西去标示它，使思想的语言通过他的心，才能为他们所了解。为了使富有文化意蕴的德育有效地发挥文化传递的功能，首先要让德育回归文化，最重要的方式就是在国家文化战略背景下，构建德育体系。在德育方式上，要充分发挥个体的主动参与意识，鼓励平等交流和对话，消除对德育的误解，树立新时期新德育观。在德育内容方面，应该以核心价值体系为主要内容，结合当代中国社会的新情况、新问题，了解受教育者的思想状态，寻找契合点而不是要强制灌输有关文化的知识性内容。"有文化"不仅仅指文化知识的丰富，而是要融入主流文化，生存和生活在文化之中，既是一种生存方式，也是精神状态。

其次，有效的文化载体是德育长久保持活力和吸引力的关键。不管我们将文化的价值阐述得如何伟大，仅仅通过理论宣传也难以被人们接受。德育不能只存在高高的殿堂之上。德育生活化、社会化是时代发展的要求，只有通过丰富的文化载体，在生活中寻找理论的支撑，德育理论才能在潜移默化中得到有效的传递。例如，校园文化就是建设高校德育的重要载体。通过校园文化，大学生切身感受到文化的熏陶，增强了对文化的认同，提升了科学精神和人文精神。

第三节 高校德育体系的建构

我国当前德育体系有两个根源：一是中国传统上道德教化理念的深刻影响；另一个是受政治因素影响的思想道德教育体系。这两者之间在以下方面具有共同点：强调灌输的德育方式，关注文化道德知识的教授，以维护社会通行价值规范为目标，在德育内容上以政治伦理内容为主。从根本上说，这种影响在于重视德育的政治社会价值，轻视个体的价值，忽视了德育的文化价值和使命。

社会主义市场经济体制的建立，是我国社会经济结构发生的最重要的变化，人民的价值观念在发生改变。在市场经济条件下，对于个体的关注已经从哲学的理论层面转化为经济利益的需要。这与计划经济体制和自然经济条件下个人与社会利益合一的状况形成了鲜明对比。在市场经济条件下，人们的主体意识空前强烈，并且以个性张扬的方式表现出来。这是我们德育面临的最主要的挑战。所以，我们要重建大德育体系，就必须要尊重社会主体价值的存在，具体在德育体系上，就是要树立德育主体性，赋予受教育者以德育主体资格。这是德育的根本性变革。如何树立受教育者的主体性呢？这是一项系统性的工程，最重要的手段是重视交往的价值，在交往德育模式的基础上，吸收文化战略因素，构建适合市场经济需要的大德育体系。

一、德育目的体系的构建

人的主体性表现为人的活动具有目的性质，人的任何活动都是有意识的、有目的的，德育活动当然不能例外，特别是作为一种社会交往实践活动的交往德育，更是有着自身的价值选择和目的追求，总是在一定的目的指导下进行的。

那么，德育想要达到的目的到底是什么呢？这一问题是德育中争议很大的论题，也是发展交往德育不能回避的问题。

（一）交往德育的目的

近代以来，随着高校由社会的边缘走向社会的中心，德育问题就与许多的政治、经济、科技问题有交织、重合之处，彼此不能明显的区分开来。

这是整个社会有机体进步发展的表现。但是，同时由于工具理性的泛滥和科技主义的盛行，系统领域严重侵蚀了德育的独立性，致使德育不能按照自身的特点来发展。德育目的总是受到政治的、经济的、科技的因素制约，这本来是不值得怀疑的，但是，上升为首要的影响，就存在严重问题了。

传统理论认为，德育目的就是德育活动预期的结果，是德育活动所要生成或培养的品德、人格。这是德育的核心问题。那么，什么才是交往德育的目的呢？交往德育的目的，简单地说，就是培养学生的交往品质，引起人生的觉解以至于新的更高的境界。其根本点是达成富有道德自主性的主体间性交往，促进美好而真诚的生活。为了达到这一目的，关键是要发展主体间的交往关系、发展道德觉解力和激励做出有道德的交往行为统一起来。这样，如何通过交往，把道德知识、道德规范内化为道德情感，进而成为道德习惯，在生活世界中履行道德，赋予每一个个体生成、共享交往的价值观、道德原则和行为规范等，这就是交往德育的核心任务。也就是说，高校德育必须是社会发展需要与个人发展需要的统一，强调德育的根本目的在于提升人的精神生活，培养健全的人格，形成道德责任感和义务感，以扬弃人的自我物化，实现人性的真正解放，成为既具有明确的生活目标、高尚的审美道德情趣，又能创造和懂得生活的、不断实现道德觉解和追求精神完善的自主的人。与此同时，着力培养学生的道德交往品质与能力，促进社会统一、文化传承，以及创新、个人社会化，人和社会的可持续发展，全面达到交往德育的功能。

加强德育与现实社会的交往和学生交往的联系，不是交往德育的最终目的。交往德育与交往紧密相连，交往是实现交往德育的重要手段，也是其主要内容。但是，交往德育目的却不是仅仅局限于满足学生的交往需要，而更在于未来，在于培养"人"，创造一种高于现实生活的美好而真诚的生活，追求生活世界的意义和价值。

由此可见，德育的目的不在于灌输道德知识，而在于启发交往理性，认识生活世界的价值和意义，发展完善个体道德人格、道德交往的能力和培养道德习惯。交往理性的培养，是交往德育目的的重心。接受道德教育的目的，应该是更好地交往和生活，这种观念比起认为德育应该以追求知识本身为目的的观念，可能更有市场。

德育应该教人学会与他人共同生活，能理解他人，平等地对待他人，能和谐地处于生活世界之中。

（二）两种需要反思的德育目的论

第一，社会本位的德育目的论。

在现代社会越来越以政治、经济和科技发展为主导价值取向的前提下，德育逐渐演变为"为社会的德育"。这是德育的一种社会价值的取向，也就是社会本位的德育目的论。

社会本位的德育目的论的主要特征是，从社会整体利益出发来界定德育目的，它以社会的政治、经济、文化、科技、军事等发展的需要作为高校德育的出发点和归宿，单纯地以一定社会发展的需要来要求德育，设计德育活动，从而规定大学的人才培养模式。社会发展的需要和要求是高校德育的指向标，高校德育仅仅是社会发展进步的外在责任的外适性反映。该理论认为，德育需要根植于社会，以社会价值为中心，从社会的发展中寻找动力和支持。德育的价值就在于满足社会发展的需要，促进社会的进步。

社会本位的德育目的论合理性在于确立了德育的重要使命之一，个体的道德社会化。它的缺点是：其一，社会本体论对于社会的看法过于理想化，充满着幻想，认为社会利益的实现，最终将导致人们道德水平的提高；其二，容易导致在德育过程中外在压力对于个体的强制。

第二，个人本位的德育目的。

与社会本位的德育目的不同，个人本位目的论认为，德育的目的应该是以个人价值为中心，应该从受教育者的道德本性出发，依据个人自身完善和发展的精神需求来构建高校德育体系，个体的生存价值和生命质量的提升，是德育的目的追求。

个人本位的德育目的论在古希腊雅典的道德教育中就已经存在。亚里士多德在其思想中，将教育的重心由培养"城邦"国家的公民转向了个人的人生幸福，教育的最高目的，是为了正确享受闲暇做准备，确保当生活的实际事务受到适当的注意时，灵魂能看到神的幻象，并从中得到最大的幸福。伴随着近代文艺复兴运动，个人主义开始在政治、社会生活中成为主流的理论形态。在德育方面，首要目的不是在于谋求国家利益和社会发展，而在于发展人的理性和个性，使人成为真正的人。人的道德人格的完善成为德育的最终目的，将人从社会发展的束缚中解放出来。卢梭认为，德育的目的在于使人成为自主自治的人，"我的目的是：只要他处在社会生活的旋涡中，不至于被种种欲念或人的偏见拖进旋涡中去，就行了"；只要他能够用他自己的眼睛去看，用他自己的心去想，而且，除了他自己的理智以外，不为其他的权威所控制，就有了个人本位的德育目的论具有反对德育方法上的强制灌输的积极意义，但是，在德育目的上对个人强调过多，会引起德育中的相对主义，最终有可能会取消德育。德育应该反映个人的价值追求和个性的发展，但是，离开了社会生活，离开了社会目的，去追求个人目的的德育，毕竟是空中楼阁。

从我国传统德育发展的历史来看，个人本位的德育几乎是不存在的，德育目的总是受到政治、经济、伦理目的的侵蚀。因此，当今我国的德育应该鼓励适当的个人本位的德育，给德育以相对独立的地位。

二、德育内容体系的构建

德育内容是指德育活动所需传授的具体道德价值与道德规范及其体系，其中包括政治的、经济的、伦理的内容，是实现德育目标、完成德育任务的载体。

德育内容界定的主要依据有三个。一是依据学生身体的、心理的需要。传统德育的最大问题就在于德育内容往往脱离了学生的现实需要和认知水平，道德教育变成了死记硬背道德条文。二是依据社会需要。德育不可能脱离社会存在。诚然，德育不能以社会利益为其最终目的。但德育的内容是来源于社会，社会的价值观念、社会的道德选择、社会的交往方式等等都会影响到德育内容的选择。三是依据对道德的阐释。

依据以上三点，我们可以看出，德育的内容是非常宽泛的，不能将其局限于某一个领域，为了某一方面的目的限制德育内容。德育内容应该围绕四个关系展开。与人的关系，包括与具体的个人和整个人类的关系。与社会的关系，包括劳动、生活、交往中发生的各种关系。与自身的关系，也就是对自己的理解。与自然的关系，这是指个人与客观世界环境之间的关系。由此可见，必须要对德育内容进行清理，清除那些没有任何合理依据的"教条"，还高校德育以一个开放的、包容的德育环境，进而建立起一个合理的高校德育内容体系。

（一）德育内容构建的原则

1. 人本性原则

这是相对于传统的知识化德育倾向而言。知识化倾向认为，德育内容是科技型知识，或者是关于道德的知识体系，包括对事实的认知、关于道德的实践的知识等等，不必考虑学生的兴趣和个性。具体表现在，德育过程中，将高校德育看作是知识来传授，受着"知识逻辑"的控制，知识是统治者，学生是盛装知识的"容器"，教师是进行知识宣传的根据。也就是说，知识是中心，教师是工具，学生被边缘化，为知识本身而掌握知识或追求知识。

出现知识化倾向的原因有两个方面。一是知识本身是人们想要获得的东西，这是内在的根本原因，毕竟德育需要道德知识的获取。二是知识是为了达到个人幸福、社会利益所必不可少的，这是外在的原因。把道德与对知识的掌握和追求如此紧密地联系在一起会过度地限制德育，因为在德育过程中，塑造学生的人格、促进学生道德人格的完善和提升，与灌输知识一样重要，从长远来看，是更加重要的方面。合理的德育体系必须培养学生按照道德原则行事的气质，激励他们用知识为善。道德的内容比这要丰富得多、范围要大得多，也深刻得多。

交往德育的内容要超越知识化德育，其重要特征是对思想本身和精神生命交往及其不断推展延伸的关注，对文本的不过分依赖和迷信。交往德育传达的应该不是人云亦云的声音，不是抽象的程式化的结论，也不是枯燥深奥的理论知识，而是通过师生之间思想的碰撞和相互启发、深入的交往而获得关于生命体验，以及对人的精神进行反思的能力。

2. 生活化原则

这是相对于政治化的德育倾向而言。灌输德育侧重于向学生灌输价值，表现为一种教条。

灌输德育中也存在德育的内容。例如，社会基本道德品质的教育、文明习惯和行为规范的教育等。但是，普遍存在着泛政治化倾向，尤其在公民道德或者政治道德品质的教育和高层次的道德理想教育中，政治意识形态教育比重过高，道德教育的内容不足。与此教育方式相对应，对学生的批判和反思能力的培养，始终没有引起足够的重视，结果是学生先入为主、一概反对、一切怀疑，走入极端。道德教育被政治因素冲淡之后，加上学生的消解，德育效果就微乎其微了。实际上，我国的德育内容往往是以绝对真理的形式呈现出来，这无疑会引起高校学生的反感。这样，会对学生的价值判断能力、创新能力、自我觉解能力起到很大的抑制作用。

灌输德育对关于道德的知识，对政治的、经济的、社会的问题，对思维过程本身过分关注，却不够关心学生的道德交往和能力的培养，造成了学生道德的被动性和消极性。与此同时，由于学生没有较多机会感受自身拥有影响或作用于环境的能力，以及把握自身的能力，缺乏价值判断意识、交往意识、自我意识，最终对道德问题失去兴趣。

交往德育把德育过程看作学生在教师的价值激励下的道德生成和内化的自由交往和自主建构的过程。德育内容实际上就是价值激励及生成和内化的内容。而价值激励和内化都不能离开德育主体。因此，德育内容的选择，都不能不从德育主体的实际品德、身心特点出发。

（二）德育具体内容的构建

通过对中华人民共和国成立以来我国高校德育内容体系的考察，德育内容体系在不同的历史阶段差异较大。其根本原因是，一度将政治教育目标混同于德育目标，自然将德育教育转化为政治教育。根据德育的目标体系，德育内容体系应由六个方面组成。六个方面相互影响、相互制约，形成了一个辩证的统一体，而对某一方面的绝对化，都与育人目标相悖。

第一，思想道德教育。思想道德教育是德育的基础教育。它首先包括人生观、价值观和世界观的基本理论和实践教育。其次，包括成才教育、爱国主义教育等。高校德育从纵向看，在"三观"教育中，确实取得了很大成绩，但仍存在不少问题，突出表现在"三观"教育脱离目标，表现为"高""空""大"。现阶段，如何更有效地培养受教育者马克思主义的科学世界观、为人民服务的人生观和集体主义的价值观，要从德育具体目标出发，从受教育者的思想现状出发实施教育内容，这种教育效果的原则性，也是德育教育思想上的一次转折。在强调"三观"教育的基础上，实施正确的成才观教育和爱国主义教育，是必不可少的重要内容。实际上，"三观"教育的效果，在某种程度上体现在一个人的成才观和爱国情感方面。

第二，形势政策教育。形势政策教育的出发点和归宿点，是紧密结合国内外重大政治、经济形势的发展变化，联系受教育者的思想实际，用真实可信的材料，生动丰富的知识，教育学生理解党的路线、方针、政策，认清形势，明确任务，自觉地坚持四项基本原则。因此，形势政策教育，不仅要时刻把握国际、国内重大政治、经济事件，而且要注重教育方法和手段。一定阶段的重大政治、经济事件，往往形成一定的社会思潮，要及时引导受教育者正确地思考，形势政策教育具有不可替代的作用。

第三，社会实践教育。接触社会，参加社会实践，是行之有效的德育教育渠道。它能够使大学生广泛接触社会，体验和了解中国的国情，从而真正消化党的路线、方针和政策，增强报国之情；通过开展社会实践活动，可以进一步提高学生服务社会的能力、理论联系实际的能力、灵活运用知识的能力；通过社会实践活动，使学生广泛接触各阶层的人民群众，开展为人民服务的活动，从而在实践中检验自己的人生观和价值观。

第四，文化艺术教育。文化艺术作为德育教育内容，在我国德育教育史上一直有不同的看法。究其原因，还是德育目标问题，即德育教育以培养什么样的人才为目标。在注重能力培养，加强素质教育的今天，把培养学生的人文素质、艺术修养、审美情趣等，纳入德育内容体系，具有特殊的意义，它不仅是内容，也是目标。

第五，心理素质教育。现代教育必须重视对受教育者心理素质的教育，以提高受教育者的意志独立能力、社会适应能力、心理承受能力。

三、大德育体系途径的构建

德育途径是为了达成一定的德育目标，采用一定的德育方法，实施一定德育内容所必须使用的渠道。德育途径是德育工作者从事德育工作开展德育活动的凭借，创设的空间、领域或载体。在德育体系中，德育途径是物质的实体存在，是德育内容、德育方法及整个德育过程的承载体。从德育途径的总体空间特点看，可以分为学校、家庭、社会三个领域。

德育是一项非常复杂的社会工程，对于高等院校来说，完整的德育体系必须由学校、社会、家庭等单位共同来完成。大德育观认为，德育是一个多样性的、开放型、综合性的大系统。

（一）整体构建德育途径体系的原则

1. 整体性原则

高校德育途径远比智育的途径要多。然而，德育实效并不尽如人意。

如果从德育途径方面找原因的话，则与这些德育途径要么没有真正发挥它的德育功能，要么没有形成教育合力有关。因此，我们提出整体构建德育途径体系的整体性原则。德育途径体系的整体性原则可以表述为：德育途径，对应内容；一项内容，多种途径；有主有辅，协调配合；分工合作，形成合力。教学有教学的规律，德育有德育的规律，德育必须有自己的实体，有自己的传授体系。整体构建德育途径体系，一方面，要求各条途径都能发挥各自的独特功能；另一方面，必须强调分工合作，形成合力，建立全员育人和全程育人的德育工作格局。以求发挥德育途径的整体效益，提高学校德育的整体效果。

2. 实践性原则

高校德育工作存在的"薄弱"和"不适应"状况，突出表现在"三重三轻""三个不适应"。"三重三轻"是：重智育，轻德育；重知识，轻能力；重课堂教学，轻社会实践。"三个不适应"是：不适应大学生身心发展的特点，不适应社会生活的新变化，不适应全面推进素质教育的要求。改变高校德育工作，必须加强德育工作的实践环节。

德育途径的实践性原则可以表述为：授之以知，晓之以理，动之以情，导之以行；以活动为中心，在活动中认知，在活动中体验，在活动中养成行为习惯。德育不同于智育，它不仅要解决知不知、会不会的问题，而且更要解决信不信、行不行的问题，即不但要授之以知、晓之以理，而且还要动之以情、导之以行。德育过程是知、情、意、行四个环节构成的，只有知识传授，而无情感陶冶、意志磨炼和行为引导，不是完整的德育。

3. 创新性原则

德育途径创新往往与德育方法创新联系在一起。德育方法与德育途径，是既有区别又有联系的两个不同的范畴。途径决定方法，方法的选择依赖于途径。如课堂教学这条途径，决定了讲授法和说明法是基本方法；而在社会实践活动中，实践锻炼法、考察参观法则是基本方法。

在教育实践中，德育工作者创造出丰富多样的德育方法，一般可以概括为四类十八法：一是以语言说理形式为主的方法，包括谈话法、讲授法、讨论法、辩论法、演讲法等。二是以形象感染形式为主的方法，如典型示范法，情感陶冶法、影视音像法、小品表演法等。三是以实际训练形式为主的方法，如社会实践法、调查访问法、参观考察法、训练法、大型活动法等。四是以品德评价形式为主的方法，如奖惩激励法、表扬鼓励法、评比选优法、操行评定法等。

整体构建德育途径体系的创新性原则可以表述为：根据内容，对应途径；多种方法，优选组合；辩证思维，法无定法；与时俱进，开拓创新。根据不同的德育内容，选择不同的德育途径；对应不同的德育途径，选择不同的德育方法。要鼓励教师在实践中不断开拓创新，如网络德育、休闲德育、心理咨询等，就是近几年德育途径创新的重要成果。

（二）高校在大德育体系建设中的责任

1. 高校制定有利于大德育体系构建的制度

高校德育制度是指以文字形式制定的，正式的、理性化的、系统的有关高校德育的行为规范体系。我国德育工作的一大特色是，以制度改革推行新的德育理念，制度建设有其充分的理论依据和本土化特色。当前，高校德育制度建设存在的主要问题在于，自上而下的行政指令性太强而稳定性不够。很多高校德育工作只注重个别榜样的作用，忽视制度建设，即使有制度建设，也忽视了大学生在德育制度建设中的主体地位。导致德育工作不能深入人心，成效甚微。为了改变高校德育的不利局面，适应新时代发展的要求，应该在德育制度建设上坚持以人为本的原则，促进大学生全面发展，强调发展性、参与性、自主性。

2. 高校德育工作者团队建设

高校德育工作者是高校德育工作的重点。高校党政干部、共青团干部、思想政治理论课和哲学社会科学课教师、辅导员，是大学生德育工作的骨干力量。在构建高校大德育体系的过程中，对此必须要高度重视，切实采取有效措施，逐步建立起业务精湛、精干高效的德育工作者团队。配备专业的心理学教师，在学习基础心理课的同时，为大学生提供心理咨询服务。各学科教师都要在本学科教学中积极渗透德育因素。

共青团、学生会等团体的责任。共青团、学生会等团体，是大学生自我教育、自我管理的重要组织形式，是学校德育工作中最有活力的力量。这些团体应该根据各自任务和工作特点，充分发挥组织作用，将大学生吸引到德育中来。

（三）社会德育途径的构建

社会德育是指学校和家庭以外的社会文化、教育机构对学生进行的德育。社会对学生思想品德影响的主要渠道，既有运用大众传播媒介进行的社会宣传，如书籍、报纸、杂志、广播、电影、电视、文学作品、文艺读物等传播手段、宣传设施，还包括社会舆论、社会风尚、社会活动和人际交往，也包括社区环境和邻里环境。

社会德育是学生思想品德发展的客观环境和必要条件。学生思想品德的形成发展是学校、家庭、社会多方面教育影响的结果。社会德育有助于培养、提高受教育者的自我教育意识和能力。社会德育的自主特点，要求受教育者要自主地选择教育内容和方式，通过自身的努力接受教育。如果说，学校教育多以指令形式出现的话，那么社会教育多以建议、劝告的形式出现。受教育者往往要经过自己的一番思考、判断，然后自己确定该如何行动。

社会德育途径特点主要有：第一，开放性。一般不受时间和空间的限制，也没有统一的组织安排。第二，复杂性。社会德育途径是多层次、全方位、多渠道的，其影响因素有政治的、思想的、道德的、哲学的、法纪的、文艺的等多方面；有低层次和高层次的、有高尚的和低俗的、健康的和腐朽的。这些必然形成教育作用的交织网，出现相互干扰、相互抵触的矛盾，以致产生负面影响，削弱和抵消积极的影响。第三，动态性。它没有大纲和教材，没有固定的时间和形式，更没有固定的教育管理者和周密的计划安排，不受人为控制，随着形势的变化而变化。

社会在高校大德育体系建设中具有非常重大的责任。良好品德的养成不是无条件的，环境和教育起着决定性的作用。高校是大学生思想道德建设的主要场所，对塑造人的灵魂、培养理想信念；保证方向具有不容忽视的作用。社会学习理论强调人类的行为是个体与环境的交互作用的产物，在社会环境里，人们通常是直接通过观察和模仿他人行为的模式而获得知识、技能和行为习惯的。社会学习论的主要特征是：个人的道德学习与其他社会性学习一样，是通过两种方式来进行的，一种是直接的；另一种是模仿学习，借助奖惩劝化正确行为。通过培养自主意识、自我评价、交往能力，逐渐内化社会习俗和道德规范。

（四）家庭德育途径的构建

家庭德育主要是指在家庭生活中、由家庭中的年长者（主要指父母）构成的教育群体，对年幼者构成的受教育者（主要指子女）在政治、思想、道德的不同方面的影响与教育。以形成受教育者群体一定思想品德的活动。其主要特点有：

第一，生活化。家庭德育是在家庭日常生活中或家庭成员共同参与的活动中，家长利用有利机会，对孩子施加道德影响，培养孩子的道德观念、道德情感，训练孩子的道德行为。

第二，渗透性。家庭教育不像学校教育途径那样具体、明确，有组织、有计划地使用，而是渗透在家庭的言论、行动和环境之中。

家庭是大德育体系建设中的重要角色。高校建设大德育体系，取得良好的德育实效，仅仅依靠学校、社会的德育，是远远不够的，因为大学生的思想品德、行为习惯，在很大程度上还受到家庭的影响，而且家庭由于其特殊的作用，其影响还非常重要。为了充分发挥德育的整体作用，应该建立社会德育基地，加强高校、家长之间的联系，从而形成学校、社会和家庭三方齐抓共管的教育合力，进而构建学校、社会和家庭三位一体的德育教育网络的管理模式，相互协调，改变目前仅仅重视高校德育而忽视家庭教育和社会教育的不利局面，优化高校的德育工作。

四、大德育评估体系的构建

德育评估是高校德育的"诊断器"，是最为关键的一环。一个良好的、完善的德育评估体系，对于把握德育目标方向，改进德育工作方法，更新德育内容，具有非常重要的作用。目前，高校德育之所以很难有成效，与德育评估体系的不完善、不健全有很大的关系。在新的时代背景下，要构建大德育体系，德育评估体系是一个必须注意的关键问题。

（一）高校德育评估的含义及其作用

所谓高校德育评估，应该是指根据高等学校德育目标，通过系统收集德育工作各种信息、数据，对高校德育工作状况和客观效果做出评价、判断、分析、反馈，以促进提高德育工作水平和效果的过程。它不仅仅是对于德育主体的考察，而且包括对于德育环境、德育方式方法、德育短期目标的评估，是一个综合的系统。

德育评估体系的作用主要体现在如下三个方面。

第一，有利于高校加强德育系统建设，为德育建设把关，不断地提高高校德育建设的水平，发挥高校在社会整体德育建设中的示范、辐射作用。

高校德育是社会整体德育建设的重要组成部分，是社会德育的重要阵地。高校的德育建设抓得好，不仅对广大师生员工是一种潜移默化的熏陶和良好的养成教育，而且对高校的改革和发展将会起到强有力地促进和保证作用，对整个社会的道德建设起到示范、辐射作用。

多年来，高校在道德建设中开展了形式多样、富有实效的创建活动：组织广大师生学习并且积极向社会宣传社会主义核心价值体系，学习并实践科学发展观；并用特色理论指导高校各项工作；坚持弘扬主旋律教育，广泛开展爱国主义、社会主义教育，以及人生观、世界观、价值观教育；加强校风建设，优化育人环境；加强基础文明建设和校园文化建设，开展丰富多彩的社会实践活动。这些活动发挥了德育的优势，增强了德育的渗透力。

德育评估是高校加强德育建设的依据。通过评估，联系社会上存在的一些不良思想的影响和侵蚀，联系高校学生个体和群体存在的一些倾向性问题，结合高校精神文明建设面临的形势和机遇，审视高校在社会整体德育建设中的地位和作用，提高对道德建设的重要性、紧迫性的认识；联系高校实际，加强领导，精心组织，发挥优势，注重建设；通过德育评估，高校应着力把握好各种专业课教育与德育的关系，从大局着眼，从小处着手；硬与软的关系，既重视思想教育、教学管理、道德培养、校风建设等软件建设，又要注意优化环境，加大德育经费投入等硬件建设，切实做到软硬件配套，互相协调发展。

第二，有利于培养德育主体（主要是指高校学生）的创造性地适应社会的能力，培养德育主体的交往能力，追求更高层次的精神生活的能力。高校的德育是对高校学生施以全面的思想、政治和品德教育，对其健康成长具有导向、动力和保证作用，而且，这种作用应该在高校学生走向社会后仍产生影响。今日的大学生，要想在社会主义市场经济中能够生存并且有所作为，就必须具备坚定的政治信念、厚实的专业知识和良好的心理素质。高校学生应该创造性地适应未来社会，被动地适应往往会被社会中不合理的东西所同化。政治思想是立志的基石，专业知识是立身之本，良好的心理素质是调节器，三者缺一不可。高校德育评估要面对学生的人生实践，着眼于社会，着眼于未来，不断把握高校学生思想发展、成长的脉搏，适时强化，不断提高学生的政治思想道德素质。

为此，在高校德育工作中要大力加强对学生进行社会主义核心价值教育，使他们明确政治方向；大力加强培养学生有关市场精神，主要是指竞争意识、创新意识、不断进取的精神，以使学生将来能适应市场经济对人才的要求；大力抓好社会公德教育和职业道德教育，培养学生基础文明素质和敬业精神，以使高校学生在社会大舞台上能胜任社会期待的角色。当然，专业知识帮助学生理解社会、适应社会的作用，也是不可低估的，应该说，是最重要的。高校德育评估，不仅是对学生即时引导、教育和规范，且更是着力于教育的长效性、社会性。高校德育要面向动态的社会发展，使学生学会更好地适应、生存和发展。

第三，有利于德育团队建设，不断提高德育工作水平和质量，这是主要对于德育工作者而言的，包括德育教师、高校领导、高校德育环境等方面。

高校德育评估包含对德育团队的评估。为保证德育工作落到实处，要优化结构，建设一支专兼结合、功能互补、政治坚定，业务精湛的德育队伍，并且对德育教师的界定，德育教师的培养、进修、待遇也提出了原则性意见。这对德育队伍的评估提供了参照数。而最为重要的是，通过德育队伍评估，可以逐渐克服长期以来人们对德育学科意识不强，使德育团队不稳定，团队结构的核心偏离学科建设的倾向。因此，通过德育评估，可以在强化德育教师的事业心、责任心，加强德育学科建设，培养德育专家队伍，提高德育研究水平，保证德育工作的有效性等方面，都有积极的推动作用，广大德育工作者也能更自觉地提高自身素质，追求德育工作水平的不断提高，以胜任时代赋予自己的神圣职责。

（二）大德育评估体系构建的原则

德育评估是达成德育目的的手段，不是目的本身。评估主要是为了引导、检验、督促、改进和提高德育工作的效果。所以，建立大德育体系的评估体系，应该明确以下原则：

第一，德育评估实体性原则。

这主要是针对当前德育评估中存在的一些问题而言。目前，高校德育存在弱化现象，对于德育建设不够重视，甚至存在着德育可有可无、德育是空洞说教的错误观点。如此，德育评估就变成了形式，仅仅是走走过场，德育评估依附于其他评估系统之中，没有了独立的地位。因此，构建大德育评估体系，首先就是要确立德育评估的实体性原则，独立进行德育评估，将其与业务评估、学习效果评估区分开来。

第二，德育评估科学化原则。

德育评估科学化，是指在德育评估过程中，以科学的理论做指导，按照科学的原则，采用科学的方法，使得德育评估能够按照德育发展的规律进行。在设计德育评估体系时，要考虑到思想道德教育自身的科学规律、德育主体身心发展的规律和德育自身的科学规律。

第三，独立性原则。

独立性原则有两个方面的意义：首先，是德育评估不受来自政治的、经济的、社会的、高校的影响，评估只需要按照体系的要求独立地进行，而不必考虑来自外界的干预；其次，是指德育评估应该从对于德育主体的业绩、学习成绩的评估中独立出来。目前，在高校德育评估中，德育评估主要依附于对于德育工作者业绩评估和高校学生的学习成绩的评估；并且主要是业务评估服务，缺少独立的评估体系。

第四，整体性原则。

德育工作是个系统的工程，在德育评估过程中，要把教育过程和效果结合起来，注意考察德育全过程，把对教育者的评估与受教育者的评估放在德育评估的同等地位。

第五，可操作性原则。

评估体系必须有可操作性，做到评估指标尽可能量化，有客观地评估尺度，使得评估体系具有可比较性。这是技术层面的设计要求，也是德育评估一直存在的问题。传统德育的要求在很多方面都是很宽泛的要求，很难加以量化、具体化。例如，对于政治立场的要求，在实际德育评估中，由于很难操作，变得没有价值。

第六，价值导向原则。

评估体系既是评估过程中的实际操作内容，实际上，也是正确引导德育的发展方向，这就如同高考试题是高中教育的指挥棒一样。在设计评估体系时，既要实事求是地反映德育工作的实际水平，也要与时俱进，反映当前时代对于德育的最新要求，反映国内最新的德育理念。

第七，公开、民主的原则。

德育评估不能仅仅局限在一些人暗中操作，必须要在公开、透明的环境下进行，这样才能赢得德育评估的权威性；给予被评估主体申辩、陈述的机会，而不是一味要求被评估主体回避。

（三）大德育评估体系的模式构建

1. 对德育工作者的评估

高校是否贯彻执行国家有关德育的法律法规，是否落到实处；高校德育制度是否健全，机构设置是否合理，领导体制是否顺畅；对领导体制的评估，着重应放在领导部门是否重视德育工作；是否有明确的德育规划和完善的制度；是否肩负决策和指导的责任；组织机构评估应着重评估德育职能部门、实施部门是否职责明确、积极工作、密切配合，学校其他部门是否主动参与，是否真正做到齐抓共管，教书育人、管理育人、服务育人是否落到实处。德育团队的素质：文化层次、政治理论水平、研究能力、业务能力、感染力等等方面。

2. 对受教育者的德育考评

德育考评是指对大学生的思想、道德、心理素质、交往能力等方面所做的考核和评价。通过考评，全面了解和衡量大学生的思想道德状况及其发展水平，它是德育评估的核心内容，是高校德育的重要环节。

对高校学生的德育评估是德育评估的中心环节，有其特殊性和复杂性。在对德育对象评估中，大学生的个体或群体特征和面貌，不全是学校德育的结果。由于人的成长受多种因素制约，学生的思想认识与外在行动表现、动机和效果容易出现不一致；学生还处在人生观、世界观、价值观形成时期，受地点、时间、角色变化的影响，往往会出现不同的思想和行为，使对其评价不易定位。然而，对德育对象评估又是德育评估中的主要着力点，其他方面评估是为其服务的。这就要求建立大德育评估体系时，必须建立科学、合理的对高校大学生德育评估指标体系，采取动态与静态相结合，定性和定量相结合，全面考评与重点考评相结合，教师考评与学生自评相结合，把教育贯穿评估始终。在此基础上激发学生参与的积极性，引导学生自我教育、自我评价，促其不断进步。

当然，这项工作在实践中是件复杂艰巨的工作，需要不断探索。许多高校已开展的大学生综合素质测评，其中的德育部分就是德育对象的评估内容，但不是高校德育评估的全部内容，两者互相交叉，这是我们需要分清的评估含义。

受教育者德育考评的主要内容包括以下几个方面。

其一，道德理论、规范性道德知识。主要是指有关道德的知识性内容。中外道德伦理，市场经济伦理，道德实践知识，交往理论，等等。这是进行德育的基础性工作，对高校大学生进行德育，绝不能仅仅停留在宣传、说教的层面，应该有深刻的理论支撑，有系统的逻辑表达，有清晰的规律性。这样，才能赢得大学生的信赖，树立起权威性，进行教育时也就事半功倍。否则，就是再多的说教、再好的道德事例，对于大学生而言，始终是外在的东西，不能内化。

其二，心理素质测评。这是在现代社会越来越受到重视的方面，特别是当今大学生面临着很大的升学、就业、适应社会等很多方面的压力，其心理承受能力变得越来越重要。每年大学生自杀事件都凸显出德育在心理素质方面的不足之处。设计评估体系时，必须要求有心理学、教育学、心理医学方面的专家参与，制定科学的、量化的心理测评系统，定期进行心理测试。对于心理方面出现问题的大学生，一定要高度重视，通过各种途径帮助其解决心理负担。

其三，对于受教育者的德育考评，不仅要看其表现出来的思想、观念，更要结合其日常行为来进行考核。因为其行为是思想的外化，它是一个人思想政治素质和道德品格的直接外露，能够准确全面地反映一个人的道德水平，特别是要在日常学习生活中，就注意大学生的道德水平，而不是集中在一个具体时间对其进行考核。这就需要设置专门的德育考核机构，配备精干高效的德育考核的辅导员团队。

3. 对德育效果的评估

其主要内容应该包括：

第一，高校整体氛围的评估。主要包括校风建设、学风建设、学校领导、教师的榜样作用等。现代社会，高校已经与社会政治、经济、科技、生活密切地联系在一起。但是，高校不能因此就丧失自身的特性，大学精神的弘扬是当今高校面临的最主要的课题之一。在设计德育评估体系时，要考虑到高校整体的德育氛围是否有利于德育的进行。

第二，社会对于高校毕业生的评价。这是一个难度很大，但是非常客观的标准。高校学生始终是要走向社会，服务于社会的，其道德教育的效果是否理想，最终要接受社会实践的检验。通过社会组织对于高校毕业生的政治素质、交往能力、工作态度、合作精神、工作作风等的间接评价，来评估高校德育的效果。

4. 对德育措施的评估

第一，德育方式的评估。包括显性课程和隐性课程的设置是否合理；德育专业课程设置情况；高校社团开展道德教育状况；道德教育实践活动等。第二，德育投入评估。德育投入计划是否明确而合理；经费来源是否具体；德育投入能否得到落实。

（四）德育评估的基本方法

德育评估的基本方法有两个：定性法和定量法。

德育评估定性法是指通过考核对象的整体，以及对性质的分析、综合把握该对象接受德育实践效果的方法。定量法是通过对考核对象表现出来的量的关系的整理和分析，把握对象接受德育实践的方法。

在我国传统的德育评估中，由于政治、经济、科技因素对于德育的侵蚀，定性地测定道德教育称为主流。实际上，德育评估与其他科学评估一样，应该力图对每一指标条目进行计量分析，减少主观性，提高可靠性，这是德育评估的主要的途径和方法。但是，德育评估不同于智育、体育的评估，许多因素是难以直接定量测定的，定性测定仍然是必需的。定性和定量测定，在实际的评估工作中应该相互补充。

进行德育评估的步骤主要有以下几步：

第一，是进行德育评估体系的设计。这在前面已经具体讲到。这里要说的是，德育评估体系的设计者和体系的操作者，应该不是同一个组织和个人，应当避免德育主体参与到体系的理解中来。

第二，是收集、处理资料。也就是根据设计体系，有针对性地搜集原始资料，主要是依靠平时的有关德育的记录和考核，不能仅仅依靠填写表格的方式获得资料，应该拓宽渠道去获取各种原始的资料。

第三，是独立、专业的评估小组进行评估。这里的独立性是主要的，评估小组应该尽量邀请校外专业人员参加，高校职能部门、德育教师，等等。不能对评估小组的工作实施干涉。评估小组应该具有进行德育评估的能力，在学历、专业、生活经历、社会实践各个方面，都有很强的权威性。

第四，是评估信息的反馈。德育评估不是为了评估、为了评估成绩而评估，而是要通过评估，引导高校德育向更加理想的方向前进，更好地推进德育工作的进行。

第四章 高校德育机制与理念的创新

第一节 高校德育运行与动力机制创新

目前高校德育出现了边缘化和功能弱化的趋势，其深层原因在于德育动力及其机制的弱化和偏失。但目前关于这一问题的研究相对薄弱，且其系统性不强，深度不够。因此，德育动力及其机制研究不但是德育研究的应有之义，而且迫在眉睫。实践表明，只有把握了德育的各种动力构造要素及其互动机理，才能明确德育动力机制的全部内涵，真正把握德育动力系统的基本矛盾、基本规律及其发展趋势，从而更好地促进德育发展。

在研究德育动力机制之前，必须对德育与道德，德育与道德教育、思想教育的概念进行辨析，把动力、动力机制与德育动力机制的内涵进行界定，然后对德育动力机制的动力结构，德育动力系统中可能存在的子系统，各子系统的组成元素，系统的功能与功能结构进行探讨，最后进一步研究德育动力机制的基本结构、基本类型以及运作过程与手段。

一、德育动力机制的动力结构

对系统进行结构分析是系统研究的基础。一个复杂系统是由元素和子系统组成的。系统的结构，是指系统各组成元素和子系统之间关联方式的总和。元素是系统和子系统的组成部分，但具有基元性特征，相对于给定的系统它是不能也无须再分的最小的组成部分，元素不具有系统性，不讨论其结构问题。德育是个极为复杂的系统，对德育动力机制系统进行结构分析，既是研究复杂德育动力系统的前提，也对研究者研究的路向具有决定性作用。

（一）德育动力系统的子系统

划分子系统是结构分析的重要内容。一般而言，可以从不同的视角对子系统进行划分。如，德育的主体动力系统结构，可以包括教育主体动力结构、受教育主体动力结构、社会主体动力结构、政治主体动力结构等；德育的组织动力系统结构，可以包括政治组织动力结构、经济组织动力结构、文化组织动力结构和社会组织动力结构等；德育的方法动力系统，包括德育研究的方法论系统和德育实践的方法论系统；德育的技术动力系统，包括德育的各种技术手段的使用。当然，德育动力系统是一个极其复杂的系统，根据研究需要，可以从不同方面把德育动力系统划分为不同的子系统，每个子系统又可分为不同的层次。虽然无论从哪个方面划分子系统，在复杂德育系统内部的联系还是交织一起的，但每一个子系统相对于母系统又具有一定的相对独立性。

德育动力系统依据不同的划分标准，可以划分为不同的动力系统类型，在不同的动力系统类型之中，其思想内涵可能有重叠性或交叉性。然而，德育动力系统是一个完整的整体，为了更加全面地认识德育动力系统，可以依据动力系统的结构性特征划分为内在动力构造要素、外在动力构造要素和整合动力构造要素所形成的动力系统类型。一是内生动力系统，是指德育内在过程的动力构成要素的结构与功能及其发生作用的动力系统。二是外生动力系统，指的是德育的各种外在动力构造要素的结构与功能及其发生作用的动力系统。三是联动动力系统，指的是德育发展各个过程、各个环节实现良性互动的各种有效协调和整合要素的结构与功能及其发生作用的动力系统。

（二）德育动力子系统的组成元素

每个子系统都是由一定的元素组成的。有些子系统有多个元素组成，有些子系统只有一个元素组成。系统是一个整体，但系统之间、各子系统内部组成元素之间不是孤立的，相反，它们是相互联系、相互作用的有机整体。不同系统之间、各子系统内部组成元素之间的相互作用，在何种规则的控制下发生作用，如何作用，有何规律，这既是德育动力机制结构演化的关键，也是探讨德育动力机制的基础。内生动力系统、外生动力系统和联动动力系统，都有各自的组成元素。内生动力系统由教育主体的动力结构要素、受教育主体的动力结构要素、社会主体的动力结构要素和政治主体的动力结构要素等元素组成。外生动力系统主要是由理论创新的动力结构要素和实践创新的动力结构要素等元素组成。联动动力系统主要是由动力加速机制及其结构要素、动力缓冲机制及其结构要素等元素组成。

各子系统在一定的德育环境条件下彼此之间相互制约、密切联系，共同构成一个不断矛盾运动的德育动力系统，任何一个子系统的变化，都不可避免地对其他子系统产生影响，从而对整个动力系统的效能发挥产生影响。因此，系统、全面地研究德育动力系统中的子系统及其构成要素，明确各子系统及其构成要素是如何作用于德育的，并且揭示其作用规律，对进一步优化德育动力系统结构，促进德育发展具有重要意义。

二、德育动力机制的运作机理

德育动力机制是指在德育动力产生和发展过程中，德育内部要素、外部要素与整合要素之间相互作用的机理与方式，是促进德育良性运行与协调发展的各种构造、功能和条件的总和。

（一）德育动力机制的基本结构

根据动力机制的一般定义，德育动力机制由外围结构与内核结构两个部分组成。外围结构又包括动力主体、动力传导媒介以及动力受体。

根据需要主体的三个层次，动力主体可以分为个体（微观层次）、群体和集团（中观层次）、国家和社会（宏观层次）。在整个德育活动中，德育主体是贯穿整个德育过程的组织者、参加者，既是德育的出发点，也是德育的目的和归属。具体到德育动力机制中的德育动力主体，还应该进行进一步的细分。根据主体在德育过程的角色与功能的不同，可以把德育主体分为教育主体、受教育主体、社会主体和政治主体。这四种主体之间的主体性与主体间性的融合，在特定的德育关系与德育实践中存在一种相互理解、相互融通的互动与作用关系，并且各主体之间所发出的动力可以通过一定的媒介互相传递。

动力传导媒介是德育动力从一个动力主体传到另一个动力主体的渠道，也是德育动力积累和递增的主要凭借之一。它能把教育主体、受教育主体、社会主体和政治主体的德育动力整合为一体，成为德育的整体动力。首先，利益是最重要的动力传导媒介。政治主体最经常的是通过利益这一传导媒介，将自身的德育动力化解，传递到教育主体、受教育主体和社会主体等动力主体身上。社会主体、教育主体和受教育主体在政治主体整体规划的德育目标所规定的利益导向下，开展创造性的德育活动，培养道德行为，形成道德习惯，以此满足利益需求。这样，政治主体就把自己的德育动力传导到了其他德育动力主体身上。反过来，其他德育主体形成道德习惯，实践道德行为又使德育计划、目标得以实现，从而使政治主体的利益得到了保证。实际上，所有德育主体的动力通过利益这一传导媒介相互传递而凝聚成为实现德育整体利益的动力集合。其次，文化也是重要的动力传导媒介。因为文化价值观和文化模式通过社会化和内化过程，可以融入主体的人格系统里，必然对动力主体的需求结构、价值观等产生影响并可能发生改变，从而使他们的动力发生变化。最后，信息也是重要的动力传导媒介。因为某一动力主体可以将动力以信息的形式传给另一个动力主体，使之知晓，或认同执行，或反对抵制，或置之不理。如，政治主体可以通过广播、电视、网络、报纸、教科书等媒介进行德育的宣传，将德育政策、德育目标、德育规范等告知其他德育主体，使之认同执行。教育主体往往也通过丰富多彩的渠道和多种多样的形式，如利用PPT、视频、动漫等多媒介，将德育内容（道德信息）融入其中，把枯燥的道德说教变成潜移默化的道德体验。当然，德育动力通过信息这一传导媒介可以在德育主体间进行相互传递。

动力受体是指德育主体获得需求满足的对象、工具、资源等。需求满足的对象称之为满足物，最简单的划分是物质满足物与精神满足物。任何以物质形式存在的满足物都被称为物质满足物；反之，以非物质形式存在的满足物，如爱、权力、地位、荣誉等称之为精神满足物。工具则是德育主体在满足需求的过程中设计和创造出来的，是动力作用于满足物或为了获得满足物的桥梁。社会资源作为动力受体，在于它可以被改造为某种满足物，或作为工具去获得某种需求的满足物。

德育动力机制的内核结构包括动力源、动力方向、动力储存体和道德行动四个要素。动力源是指德育主体的内在需求，它产生的动力是原生性动力。动力方向指动力与德育目标一致或相悖，直接关系到动力主体的动力性质和动力机制的性质。不同动力主体的动力贮存体的形式是不同的。教育主体的储存体就是其教育能力，受教育主体的储存体就是其接受教育和道德行为的能力，社会主体的储存体就是团体、集体或群体的凝聚力，政治主体的储存体就是其政治、经济、文化实力，包括现实生产力、科技水平以及建立在经济基础之上的权力体系和执政能力。道德行动是德育动力的直接表达。

各德育主体将自身的动力转化为道德行为，各主体恪尽职守，教育主体、受教育主体践行社会公德、家庭美德和职业道德，社会主体和政治主体遵循政治文明依法执政，促进物质文明、精神文明与政治文明协调发展。

（二）德育动力机制的基本类型

根据动力机制的结构性特征和构造要素，可以将德育动力机制划分为德育内生动力机制、德育外生动力机制以及德育联动动力机制。

德育内在过程，简言之就是德育主体运用德育理论进行德育实践的过程。德育内生动力机制涉及的是德育的内因，是决定德育能否有实效的关键性要素，主要涉及主体形态及其需要的结构要素。德育内生动力机制是德育形成和发展的内在依据，旨在确保德育的正确方向，增进德育的承继性。

德育外生动力机制是德育的各种外在动力构造要素之间相互作用的机理与方式。它涉及的是德育的外因，是促进理论形态与实践形态双向互动的各种外部要素，包括理论创新机制的动力结构要素和实践创新机制的结构要素。德育外生动力机制是德育形成和发展的外在关系机制，其功能是增添德育改革与创新的活力，促进德育的内化与外化双向互动。

德育联动动力机制是促进德育动力系统实现良性互动的各种整合要素之间相互作用的机理与方式。它涉及的是有效促进德育发展的各种整合要素，包括利益激励机制和适度竞争机制组成的德育动力加速机制，动力协调机制、动力保障机制和政策导向机制组成的德育动力缓冲机制。德育联动动力机制是德育形成和发展的整合要素，实质上是一种整合性、衔接性的动力机制，其功能是实现工具理性与价值理性辩证统一，保证动力机制为德育提供适度动力。

第二节 高校德育内生动力机制

古今中外德育的发展，最根本的原因在于存在一系列有效驱动德育发展的动力构造要素，这些动力构造要素的有机结合事实上构成了德育发展的动力机制。然而在德育发展的过程中存在着的各种动力机制类型之中，有一种动力机制更具有根本性和决定性，可以说它是德育的原动力机制，那就是德育内生动力机制。内生要素是德育动力机制构成要素中起决定性作用的基础要素。因此，要进行德育动力机制研究，首先必须全面而系统地探讨德育内生动力机制的内涵、结构要素及其功能。德育旨在主体的不断自我完善、自我超越、自我升华，在本质上是主体的一种自我选择的德行建构和发展的过程。因而，德育实质上就是现实的人之所以为人的一种自我证实活动。

一、德育内生动力机制的结构要素

德育内生动力机制呈现一定的结构性，是一系列结构性构成要素按照一定的层次有机组成的。总的来说，德育内生动力机制的结构要素可以分为四个层次：教育主体及其动力结构要素、受教育主体及其动力结构要素、社会主体及其动力结构要素和政治主体及其动力结构要素。主体的内在需求是德育动力的源泉，因此主体形态的结构要素是产生德育动力的决定性要素。德育内生动力机制是德育各主体及其动力结构要素的有机统一。

（一）教育主体动力结构要素

一般而言，专门从事德育的教育主体包括日常思想教育管理人员（辅导员、班主任、党团组织管理人员等）和思想政治品德课教学人员（理论课教师）等。如果从全员育人的角度，学校里从事教育、管理和服务的所有人员都有德育的功能。教育主体不是道德律令的传声筒，而是具体主体性的教育主体。对教育主体而言，德育不但是一种利益驱动，更为重要的是它内含教育主体的一种发展需要、道德理想和事业追求。

首先，德育是一种利益驱动。这种利益驱动表现在两个方面，一方面德育是教育主体的职业，做好德育工作，是教育主体的职责。做得好，可以获得职业的发展；做不好，有可能丢饭碗。另一方面，德育工作也是教育主体获得职业尊严的追求。因为社会上很多人对德育教育主体有很多质疑的眼光，既包括对教育主体德行的质疑，也包括对教育主体能力的质疑，更包括对德育本身的质疑。教育主体面对这种质疑时只有在实际工作中来证明自己能行，这就是德育功能属性的发挥，即德育能够以自己的有效活动，使德育对象接受社会对德育的要求，从而确证德育的价值。

其次，德育是教育主体的一种发展需要。德育不但是为了满足社会需要和受教育主体的需要，还是为了满足教育主体自身的内在需要，教育主体本身也是人，也需要不断地发展。教育的本质是育人先育己。在德育过程中，教育主体不但教育了学生，同时也教育了自己，通过德育张扬了自己"人类灵魂工程师"的神圣职责、神圣使命以及高尚人格，促进自我生命的"新的精神能量的生成"。

再次，德育还包含教育主体自己的道德理想。教育主体是一个独立的"人"，实际上，整个德育活动过程都是在教育主体的道德理想和追求主导下进行的。可见，教育主体不只是社会或某个政治集团的道德代言人和灌输者，德育还包含教育主体自己的道德理想。从这个意义上，德育主体在整个德育活动中，融入了充分体现自我意志的道德理想和道德信念，从而使学校德育成为道德主体自愿为之，并倾注了满腔热情的教育与自我教育活动。

最后，德育还内含教育主体的一种事业追求。德育是最具有生命性的教育，也是最体现生命关怀的一种事业，是教育主体对"提升人的生命价值和创造人的精神生命的意义"的一种事业追求。

（二）受教育主体动力结构要素

受教育主体是指接受德育的人。从受教育主体的基本要素构成来看，主要包括受教育主体四个方面的需要，即物质利益、社会化、精神成人和追求高尚。这四项基本要素，既在横向上存在着相互作用、相互促进的张力关系，又在纵向存在着一条由表及里、层次递进的结构链条。

人作为一个生命体，首先是一个自然存在物，人直接地是自然存在物，而且作为有生命的自然存在物。全部人类历史的第一个前提无疑是生命的个人存在。因此，第一个需要确认的事实就是这些个人的肉体组织以及由此产生的个人对其他自然的关系，对物质利益的追求，是受教育主体产生德育需要的原动力。物质需要是人的存在的前提和条件。人的需要分为生存需要、享受需要和发展需要三个层次，首先就需要基本的物质需求，这是一切人类生存的第一个前提，也就是一切历史的第一个前提。物质需要是人类为生存和发展而对客观物质条件的必然要求。满足了"饥有所食，渴有所饮，寒有所衣，病有所治"的生理需要，其他需要才会产生。根据马克思主义人性论和需要理论，人的基本前提是生命的有机体，人不可避免地具有自然性，而物质需要就是人的自然本性，并且是人类个体生存而必不可少的条件。作为物质需要的主体的具体生存的现实的"人"，生活在某种社会形式中必然有物质需要的诉求。

（三）社会主体动力结构要素

在德育内生性动力机制的主体结构中，社会主体也是一个重要的德育主体。从社会主体的基本动力要素构成来看，主要包括社会主体三个方面的需要，即社会秩序维护、道德传承和实现社会理想。这三项基本动力要素，社会秩序维护是基本要求，道德传承是核心，实现社会理想是目标。

教育产生于社会生活的需要。就社会的实际来看，维系秩序既需要强制，也需要教育。社会主体不能把社会秩序的规范运行完全寄托于个体的自觉性上，因为看不到人有惰性的一面，把事情的成功仅仅诉诸人的自觉性，片面夸大思想教育的作用，可能导致"精神万能"。从功能的角度和满足社会生活需要的角度说，秩序价值，是德育最基本的价值之一。德育产生于社会秩序的需要。换言之，社会秩序的维护需要德育。通过德育，社会主体可以通过行为规范、道德观念和价值判断等有效地支配和约束每一社会个体的行为，让人们理解遵守秩序的重要意义与违背秩序的严重后果，从而遵守和维护秩序。这也是德育职能的具体体现。德育作为社会规则的传承载体，对"应该如何生活的暗示和潜移默化"确保了社会秩序的维护，为人的生活提供了基本条件。

二、德育内生动力机制的功能分析

德育之所以经久不衰，关键就在于有一整套较为完善的动力机制，而在诸多的动力机制中，居于核心和关键地位的是德育内生动力机制。它内在地包含一种使人获得"人的本质"的德育价值追求的动力构造要素、一种德育文化创造的动力构造要素和一种德育需要过程的动力构造要素。德育内生动力机制，其功能作用是多向度的和多元的，从其根本性质上讲，德育内生动力机制是德育存在和发展的内在关系机制；从其基本功能上讲，德育内生动力机制确保了德育的正确方向；从其核心特征上讲，德育内生动力机制增进了德育的承继性。

（一）德育内生动力机制是德育存在和发展的内在关系机制

事物的发展主要是内因（即事物内部的矛盾性）决定的。德育内生动力机制，从其根本性质上讲，它指的是在人类现实生活德育需要的动力构成要素中，一切源自于德育主体的德行需要基础上的追求德育需要的内在过程的各种内在的动力构成要素所组成的有机体系。这些构造要素决定德育的内在本质，无疑是德育存在的根本原因，是德育发展变化的内在依据，是德育发展变化的主导因素，即内因。如果说内因是事物发展变化的内在依据和根本原因，体现的是事物的内在矛盾关系，那么，德育内生动力机制实质上就是德育这一事物的内在关系机制。总的来说，这一内部关系机制体现在四个方面：对教育主体而言德育不但是一种利益驱动，更为重要的是它内含教育主体的一种发展需要、道德理想和事业追求。受教育主体的物质利益、社会化、精神化和追求高尚这四个方面的需要是德育动力结构要素，社会主体三个方面的需要，即社会秩序维护、道德传承和实现和谐社会理想是其德育动力结构要素。政治主体的基本动力要素主要包括维护阶级利益、灌输意识形态、保障政治稳定和实现最高理想四个方面。

（二）德育内生动力机制确保德育的正确方向

长期以来，出于特殊的原因，常常单方面强调马克思关于人是社会产物的观点，而忽视了马克思主义关于把人作为社会本体，以人为本的思想。在德育理念上，在不短的时间里没有重视"以人为本"，而是过分偏重德育的社会价值，只强调德育的社会功能，忽视了德育的个体功能。这种德育价值倾向的片面性，忽视了德育对人的生命价值、成长需要的真正意义，必然歪曲了德育的本质，导致了只见"社会"不见"人"的"无人化"德育现象，造成德育与学生成长和发展的严重疏离，结果是德育效果长期低迷，德育的社会价值也不能得到真正的体现。在德育实务中，常常忽视了不同层次、不同水平学生的需求，把精力过多地投入在显性的思想政治和道德教育上，尤其注重外部灌输，却很少与人文素质、科学素质、身心素质相融合，忽视了学生个性的培养，在一定程度上抑制了学生个性和创造能力的发展，因而越来越遭到学生的抵触和质疑。迄今为止，道德和道德教育中的无人化现象依然严重，这既不符合现代和谐社会所要求的以人为本观念的大趋势，也不符合道德和道德教育的本体性特征，成为阻碍现代道德教育进一步发展的严重障碍。加上随着高校招生制度的调整，学生人数激增，学校硬件及软件设施跟不上变化，致使各种不良风气乘虚而入。计算机网络的普及也给传统的德育工作带来了冲击，由于缺少治理网络环境的经验和措施，严重制约了德育工作的影响力，难以形成良好的育人环境。而德育内生动力机制确保了德育的"人本"价值取向。"人本"就是"以人为本"，就是把人作为发展的本原、本体和核心，把不断满足人的全面需求、促进人的全面发展作为根本出发点和归宿。

动力欠缺的德育往往是一种按部就班的工作作风，在某种意义上可以说形式主义、教条主义、官僚主义的思想严重伤害着德育，德育在应试教育的整体环境压迫下苟延残喘，即使想对德育有所创造也早被应试的氛围抹杀。在这种生态环境下的德育动力是极其不足的，这也是造成今天德育实效性低下，的根源。因此，要使德育获得源源不断的动力，必须对德育的动力机制予以构建和完善，并有所创造，这是德育走出困境的必由之路。

三、德育动力机制构建的目的

（一）德育异化与人的异化的双向扬弃

德育异化是德育动力缺失的重要原因。因为异化的德育不再是人们所需要的德育，而变成一种约束人、限制人的异己力量。德育异化主要表现在以下几个方面：一是当前德育的异化。由于应试教育影响，一切德育活动以高考升学为转移，德育塑造人、完善人的功能被严重弱化，普遍存在重分数轻德育现象，德育畸形发展。二是大学德育的异化。在道德相对主义、欲望主义与工具理性主义的合力作用下背离了大学精神和教化本性，持守价值中立、娱乐化和工具化的立场，导致了自身的异化。其结果是，以促进大学生德行成长为目标的大学德育却导致了学生人性的迷失和堕落，这是对大学生的发展不负责，也诱发了大学德育自身的生存危机。

德育异化在本质上就是人的异化。历史唯物主义是以现实的、有生命的个人的存在为前提的。因而，现实的、有生命的人的存在本身就是最高的价值，任何人都不应该被轻易忽视、蔑视甚至践踏，相反，对任何人都应该充满同情、关怀、尊重和爱护。德育异化最根本的体现就是漠视人和生命的存在，对人和生命尊严的深层蔑视。而异化的德育培养出来的学生必然是人格有缺陷的，对人和生命本身缺乏同情、怜爱、关怀、呵护与尊敬的麻木、冷漠、无情的人。这样的人，必定是异化了的人。德育一旦异化，在某种程度上存在着忘却德育的真正对象和真正目的，就会漠视人的尊严、压抑人的自主、忽视生命的体验、曲解生命的意义，而收获的是生命贫乏、缺乏活力、遗忘生命意义的学生。这是与德育的本质背道而驰的。在根本意义上，德育指向的是人的精神世界和意义世界的构建，它的任务是通过人的塑造，提升人、发展人，使人超越现实的物欲满足，超越生命自身的时空限制，获得精神的提升，从而得到人生幸福和存在的意义。因此，构建德育动力机制的首要目的和任务就是要防止、抵制、避免德育与人的双重异化。

（二）人的全面发展与德育文化的双向互促

"人的全面发展"的概念，虽然马克思没有给予一个明确的界定，但是马克思的著作里无处不在关注"人的发展"，也就是人的本质的全面发展，即"人以一种全面的方式，也就是说，作为一个完整的人，占有自己的全面本质"。有人提出要从两个层次三个方面理解马克思"人的全面发展"含义；也有人提出马克思"人的全面发展"应包括宽、窄两种含义；还有人提出马克思"人的全面发展"包括四个方面的内涵：完整发展、和谐发展、多方面发展和自由发展。尽管在不同的历史时期和不同的社会条件下人们对于"人的全面发展"的理解和追求不尽相同，但在本质的理解上却是相同的，即人应该不断地追求自身的完善。

人不仅是认识主体和实践主体，也是价值主体。德育就必须以这个现实的人为根本的出发点和归宿。而人的根本需要则是解放、自由和全面发展的需要，因此，从德育的终极意义或德育的最终本质来说，它要促进人的自由而全面发展。德育的原点和归宿应该是人的全面而自由发展。这种追求人的自由而全面的价值取向，不仅是由人之为人的内在本质决定的，也是人之存在要求的应有之义。所以，作为促进德育发展的德育动力机制也要围绕"人的自由而全面发展"这一原点和归宿展开。而且，德育动力机制促进人的自由而全面发展应该是一种对人的整体性发展和每一个人都自由而全面发展的促进，因为全面发展的人，不仅其物质力量要素要有充分的发展，而且其观念意识也应当全面完善。他将是一个能使个人诸种特性全面生成，并不断地改变自身支配客体世界的方式、手段，同时又能内化社会多种理论的整体性发展的人。并且，真正的人的发展不是一部分人发展和另一部分人不发展，而是人人都自由而全面发展，因为一个人的发展取决于和他直接或间接进行交往的其他一切人的发展。对人的自由而全面发展的追求，实际上也是德育动力机制构建的一种终极价值取向。德育和德育动力机制的各个构成要素都是围绕着"人的自由而全面发展"这一最高价值追求展开的。因此，德育动力机制构建要实现对人的自由而全面发展的促进，就要坚持以人为本，注重人文关怀，各种机制及其构造要素都要围绕解放和释放人的精神创造力，提升人的主体性和精神境界这一主旨，使人自觉人之责任，使人获得的正确政治方向奠定在理性文化的信仰基础上，通过文化自觉实现政治上的坚定。

二、德育动力机制构建的基础

德育动力机制构建的基础，是关系到德育动力机制是否稳固、能否真正发挥它应有的功能的重要基石。

（一）尊重人的存在和主体性

真正符合人的本性的哲学和伦理学应该充分尊重个人，尊重个体生命，应该教会每一个人把"人的生命作为价值的标准"，引导每一个个体"把他自我的生命当作每个个体的伦理目的"。这里的"标准"和"目的"的区分是这样的，标准是一种抽象的原则。用来衡量或矫正人们的选择，以便达到具体的、特殊的目的。将这一原则运用于具体的、特殊的目的与理性存在相适应的生命目的——属于每个个体的人，他所生活的是他自己的生命。人类必须按照适合于人类自身的标准来选择行为、价值和目标，以此来达到、保持、发现和感受终极的价值，它存在于自身之中，是其自身的生命。德育作为"把人实现为人"的一项育人活动，尊重人、提升人、发展人、丰富人、完善人应当成为德育的出发点和价值旨归。而这种人本价值旨归，应当充满对人自身的尊重、对自由和幸福的追求，蕴含深厚的人文精神和终极关怀。从这个意义上，德育必须与人的幸福联系起来，与人的自由联系起来，与人的尊严联系起来，与人的终极价值联系起来，使教育真正成为人的教育，而不是机器的教育。使教育不只是人获得生存技能的一种手段，而且还能成为提升人的需要层次、丰富人的精神世界的一种途径。

主体性已成为当今我国哲学社会科学领域的一面旗帜、一个纲领和一个口号。主体性，就是道德活动的主体所具有的完善自身、完善他人和完善社会的能动性。德育中的教育者不是传播某种理论或意识形态的"机器"，受教育者也不是一个个需要填满的"容器"。他们本身"占有自己的全面的本质"，有自己作为个体独特的能力、情感、意识、品性和价值取向等。因此，如果人们承认人本的价值旨趣，就不能仅仅把他们都作为某种"物"存在，而应该作为"人"存在。在德育活动过程中，要塑造人、完善人、发展人，但是首先要做的是尊重人，然后实现作为"人"的价值、尊严和意义。从这种意义上，德育动力机制构建的基础首先要尊重人的存在和主体性。也就是说，德育动力机制的设计理念必须以人为本，以促进人的思想解放和精神的自由为宗旨，把人当作价值目的。因此，对德育进行主体性建构，必须按照人的方式，把人实现为人。所谓"人的方式"，就是人以一种全面的方式，也就是说，作为一个完整的人，占有自己的全面的本质。具体来说，所谓按照"人的方式"就是按照人之为人、人成为人的经济的、政治的、思想文化的条件和根据，让人之为人的自主本性得以自我创生、自我呈现的过程。所谓按照人的方式把人实现为人，就是这个意思。而主体性理论为德育的主体性建构提供了理论指导和可能路径。

（二）导引终极关怀

终极关怀是德育的终极目标和价值。德育的最终目的是表现人的生存与发展内在要求的自由、和谐、全面发展并由此产生幸福感。终极关怀是最根本的关怀。"人本"，就是以人的幸福为本。从这个意义上说，人的终极关怀，就是使人得到幸福。也即，所有的教育主体，无论是教育者，还是受教育者，都应该通过德育获得幸福的终极关怀。因此，获得个体幸福是德育的应然追求，德育不能背离"幸福"这一价值旨趣。然而，种种德育实践行为所导致的"人"的迷失，往往使德育深陷于有悖个体幸福的重重矛盾之中。事实上，不管德育以何种形式和程度使"人"迷失，归结到一点上都是对"人"的挤压，它压制了受教育者，也扭曲了教育者本身。因此，德育应回归幸福的本真，把幸福还给人。

从这个意义上，在德育中，不但要对教育主体施以现实关怀，更要给予终极关怀。现实关怀是低层次的需求，终极关怀才是价值追求、自我实现、全面发展的高层次精神需求。

第三节 高校德育动力机制的构建

德育动力机制通过制度化的运作，为德育提供适度的动力，推动德育发展，实现德育价值，满足德育主体利益需要。从德育动力机制运作机理看，其主要包括四个方面的要素：主体、利益、价值和制度。德育动力机制运作的最终指向是德育主体的需要满足。因此，主体是德育动力机制的最终目的，也是德育动力机制建构的首要内容。德育受教育主体的需要、教育主体的需要、政治主体的需要和社会主体的需要都表现为一定的利益，德育的内生动力、外生动力和联动动力都是建立在利益基础之上的，利益因素是德育动力系统有机地联系的中介。故而，利益是德育动力机制中的核心因素，探讨德育动力机制的建构，离不开对利益的考察。由于受利益最大化的驱使，在多元价值格局中建立在不同利益追求基础上的德育主体之间必然产生矛盾和冲突，因此，德育动力机制除了通过利益激发动力，还必须超越利益的视野，通过提升价值和优化价值引导德育各主体选择、确立并维系共同价值理念和基础，从而使各方利益结构趋于平衡、协调和有序，实现社会和谐。所以，价值也是德育动力机制必须建构的内容。然而，价值引领是一种柔性的利益调节方式，不带有强制性，因而必然有其自身的局限性。俗话说"无规矩不成方圆"，德育动力机制也不是随意而为的，也该有一定的规则，才能更好地规范德育活动。从这种意义上，制度是构建德育动力机制必不可少的内容之一。

一、主体维度的建构路径

从德育动力机制的性质和实现途径看，全员参与是德育理念的核心价值所在，是德育动力机制的应然取向和现实诉求。

全员参与是整体德育合力育人观，它的核心思想是人人都是德育主体。对于德育动力机制而言，人人都可以是德育动力的主体，也是德育动力机制的主体。这既是教育本身意义的要求，也是当代教育发展的内在需求。德育工作不是德育工作者的专属领域，其他主体，包括专业课教师、学校各职能部门、后勤服务人员、学生组织、政治主体和社会主体都含有丰富的德育动力要素，对德育动力机制的建构和运作都会产生一定的影响。因为各门课程、各个部门、各种服务载体、各类组织、团体里的人都具有德育资源和德育功能，其思想、道德、品质和人格都会给学生以潜移默化的影响。所以，德育动力机制需要全员参与，把德育工作渗透到各个工作环节和各项日常管理中去，构建各部门齐抓共管、各育人环节紧密配合、全员参与的"全员育人、全方位育人、全过程育人"的德育工作格局，形成全校上下共同推进的强大合力。从这个意义上，全员参与是德育动力机制的应然取向和现实诉求。德育动力机制的主体应该是一种由教育主体、受教育主体、社会主体和政治主体组成的多层次的、全员参与式的德育动力主体。

基于目前教育者和受教育者的主体性地位不够凸显的现状，德育动力机制的主体建构重点应放在教育主体和受教育主体的主体性建构上。

二、利益维度的建构路径

利益是德育动力产生的原动力。构建德育动力机制，首先要考虑利益驱动。利益驱动是德育动力机制实现张力作用的手段之一。对于德育内生动力机制而言，一切主体的利益追求都可以是德育内生动力机制的内在动力构造的源泉。

对教育主体而言，德育的利益驱动表现在两个方面：一方面，德育是教育主体的职业，为了不丢饭碗，要做好德育工作；另一方面，德育也是教育主体，只有在实际工作中证明自己的价值才能获得职业尊严。

对受教育主体而言，物质利益，是受教育主体德育动力产生的物质基础，而对物质利益的追求，享受精神愉悦、实现完美自我是受教育主体产生德育需要的内在动因。在德育过程中如果能够充分肯定和彰显个体利益和个体发展，必然会提高个体内化德育内容、养成道德行为的热情，提升道德成长的动力，最终提高德育的实效性。

对政治主体来说，其利益就是巩固统治秩序和维护统治阶级的利益。政治主体有意识地利用德育（教化）的手段来灌输主流意识形态，培育政治品质，实现自己的意志和目的，巩固阶级统治秩序，维护阶级利益。

对社会主体而言，其利益就是维护社会秩序和实现集体最大利益。道德作为一种调节社会关系的规范，是一种维护社会稳定的手段。社会主体通过德育引导学生在追求自身利益满足与个性发展的同时，也应当遵循相应的道德原则和社会规范。

三、制度维度的建构路径

德育动力机制除了有主体参与、利益驱动和价值引领外，还必须有制度予以保障。因为，制度文化是精神文化的载体，制度文化赋予物质文化以生命和活力。当前的德育正处于实效性低下的困境当中，而导致这一困境很大程度上有制度方面的原因。因为我们的学校德育在制度方面有欠缺，存在德育建设制度不完善、不合理、缺乏人道精神等问题。而要改变这种现状以提高学校德育的实效性,加强学校德育制度建设是一项有力的举措。加强德育制度的有效性和德行,有两点是必须做好的,一是社会制度本身要体现公平和正义,从而形成良好的社会道德风气;二是学校德育不能回避对于道德制度本身的德行考察,应该正视并弥补制度缺陷,不断去完善自身的道德规范和制度体系,通过道德的制度来教育人、鼓舞人。所以,德育动力机制的制度建设是非常重要的一环。因为各主体在利益驱动和价值引领的前提下参与德育活动,利益诉求各异,价值观念也各不相同,单靠自觉自律是不行的,还要对德育主体之间关系及其调整规则进行合理确定。这不仅有利于更好地规范个人行为、管理行为和政治行为,提高德育的质量和调整力度,也有利于贯彻以人为主体、理解与尊重主体的合法权益与合理要求的德育理念,也是完善德育动力机制,促进德育动力机制的科学化、法治化的重要环节。本文认为,德育制度是一个非常复杂的体系,制度体系的建构也是一项系统工程,而就德育动力机制的制度机制构建而言,主要可以从政府与学校的关系、教师与学生的关系构建两个维度对德育制度予以完善。

第四节 创新理论指导下的高校德育创新

人是具有鲜明个性心理特征的活生生的人,德育的实践主体是人,最基本要素是"人",对象是人,其出发点和归宿依然是人。但传统的德育把人沦落为工具性的对象物,使人成为片面的人,只从社会功利出发,使德育失去了它本身对人的生命活动所蕴含的探寻功能,从而导致德育之于人的外在状态、压迫状态及限制状态。而以实现人的自由全面发展为终极目标的高校德育,一要面向未来,为未来培养自由全面发展的社会主义新人;二要立足于当下,为转型期的中国培养有中国特色社会主义现代化建设的接班人和建设者,切实推进科学发展观的贯彻落实与社会主义和谐社会的建设。"以人为本"是科学发展观的本质和核心,而高校德育的具体对象是大学生,其出发点和归宿也是为什么要培养和怎样培养社会主义建设者和接班人。因此,"以人为本"是我们做好当前高校德育工作的核心和关键,树立"以人为本"高校德育理念,以切实推进高校德育工作,便成了必然。

一、高校德育理念创新

德育理念创新指人们对德育认知态度、指导思想和基本思路等所进行的创新。德育理念创新的前提和基础是坚持"以人为本"的思想，承认并尊重学生在思想政治教育过程中的主体地位，重视学生作为个体的内心认同、思想接受等的主体能动反映，把塑造学生的健康人格、实现学生的全面和谐发展作为德育的根本出发点。多年来，我们在德育方面所形成的理念形态，是在计划经济体制的客观实践基础上产生的，迈入21世纪，我国高校德育的外部环境和教育对象都在发生很大变化，伴随社会实践的重大变化，作为意识形态领域里的高校德育，在继承优良传统基础上，必然要不断进行创新，以真正实现育人之功用。

（一）树立"以人为本"的德育理念

传统的德育往往是没有充分考虑人的独立个性和内在需求等因素，站在居高临下的位置，进行呆板的说教，过于"规范"，过于封闭，缺少应有的人文关怀、平等交流和自我教育。这种观念已远远不能适应现在高校德育实际，与学生道德心理发展现实存在很大差距。因此，德育创新，首先要树立"以人为本"的德育理念，把人作为德育的主体和根本，把人的发展作为德育的根本出发点，充分认识和把握人的本性，充分引导和满足人的正当欲望，善于理解和把握人心，最终赢得人心，取得人的信任和教育的主动权。也就是真正实现"以人为本"这一现代教育的基本价值观，解决人的精神激励、灵魂塑造和品格提升问题。

"以人为本"是德育理念的本质内容，是加强和改进高校德育的核心思想。坚持"以人为本"的德育理念，根本目的在于对人性的唤醒和尊重，最广泛地调动人的积极因素，最充分地激发人的创造活力，最大限度地发挥人的主观能动性。强调"以人为本"就是强调学生的主体地位。这里有以下四层含义：

一是德育工作者要充分认识到自身工作的重要性，增强使命感和责任感，在教育教学过程中使自己的道德素养不断提升。二是德育工作者要全方位关心、爱护学生，充分尊重学生，促进学生人格的完善及道德终极价值关怀的实现。传统的德育目标是纠正学生思想、行为上的偏差，起到教育、规范的作用，而"以人为本"的德育新理念强调学生具有自身的尊严和人格，重视情感因素的作用。三是德育的根本目的是为了学生的成长，为了学生的成人成才。高校德育要立足于为学生的成才与发展服务，把服务学生放在首位。德育方式要由过去的被动灌输型转变为主动吸引型，要充分发挥学生的主体性、能动性和创造性。德育工作者要深入学生中，和学生广交朋友，了解他们的所思所想，及时加以引导，针对学生思想需求和变化开展教育，担当学生成才的服务者。四是德育工作者要把大学生德育工作做好，必须把大学生内在的积极性和主动性调动起来，努力使德育成为大学生内在的强烈要求，把德育做到大学生的心里去。

（二）树立系统规划、整体推进的德育理念

当前要做好德育工作不仅要靠思想政治教育工作队伍，还要靠全体教职；不仅要靠课堂，还要靠课外；不仅要靠高校，还要靠社会、家庭的大力支持和参与。这里就提出了一个系统规划和整体推进的理念。

高校德育是一项系统工程，应该形成全员育人格局。所谓"全员"就是要在强调对学生加强教育的同时，注重教师的人格形象。高尚的人格形象，能起到情感沟通、形象净化、行为示范等作用。高校的教职员工在进行教书育人、服务育人、管理育人的同时，要以其高尚的思想道德、良好的行为规范、严谨的治学态度对学生起到耳濡目染、潜移默化的作用。传统的德育教育，主要靠思想政治理论课教师、班主任或辅导员、政工干部三支队伍，这是德育的骨干力量，但这是远远不够的。为此，就必须做到全员育人，并处理好全员与德育专职队伍的关系。一方面，德育专职队伍必须依靠全员的渗透作用才能使德育和其他各方面相结合，同时，依靠专职队伍的带动和指导，才能提高德育的深度和针对性；另一方面，只有提高了全员育人的认识程度，充分发挥全员育人的积极性、主动性，才能使德育变得生动具体。在全员育人的过程中，要使每一名教职工明确自己所肩负的德育使命，形成统一的教育思想，言传身教，创造一种德育环境，用这种氛围影响学生。

高校德育是一项整体工程，首先，它需要党委统一领导，党政工团齐抓共管。德育存在相互作用和相互依存的要素，包括学校的宣传、学生工作、后勤、组织、人事、教学等部门，也包括一线教师和广大学生。其次，大学德育工作受到中小学德育工作的影响，更受到社会大环境的影响，是与中小学德育、整个社会大环境相互作用的。从横向上看，学校只是德育工作中的一个环节，家庭、社会在德育工作中具有重要作用。因此，必须努力形成学校、家庭和社会相互配合的工作格局，系统规划，整体推进，保证德育的效果。从纵向上看，青年思想道德素质的培养是一个动态的过程，德育工作也是一个动态发展的过程。在系统规划方面，高校德育还要重视与中小学德育的衔接，防止各个阶段教育的脱节。尤其要加强研究，准确把握教育规律，了解不同教育阶段学生的身心特点、思想实际和理解接受能力，充分体现科学性、循序渐进的要求，科学地设置德育课程，从而使学校德育更具科学性和针对性。

（三）树立实践育人的德育理念

实践是人们能动地改造和探索现实世界的一切社会性的客观物质活动。只有通过实践才能"知行合一"，促进理论学习向内在品质的转化。所谓"实践出真知"表明了实践对于人们形成正确的认识有举足轻重的作用。树立德育实践观，就是要求我们在德育中高度重视实践育人的作用，切实加强德育的实践性，使学生在德育的实践中自己得出正确的结论并逐步养成正确的行为规范和优良品格。社会实践具有以下德育价值：

第一，社会实践是政治和道德知识的检验场，是强化政治和道德认识的途径。社会实践有助于学生进一步明确真、善、美与假、恶、丑的标准；有助于学生把自己与他人进行适当地比较，从而为自己找到合理的评价参照系，体悟到社会对自己的殷切期望；有助于将所学到的道德知识运用于实践。在实践中，学生面临着复杂的行为选择、评价，所掌握的知识理论可以逐步实现创造性转化，变成为高超的智慧和良好的日常习惯，形成积极的社会适应性。

第二，社会实践是高校德育所传导的积极精神的重要载体。实践教育的最直接结果是逐步培养起学生的实践观念。实践活动有利于培养学生热爱劳动、热爱劳动人民、珍惜劳动成果的思想感情；有利于培养学生的创新精神，吃苦耐劳的作风，协作观念、全局意识和奉献精神，劳动纪律意识及艰苦创业、勤俭节约的优良品质等。

第三，社会实践是学生获得道德体验的主要方式。学生可以通过社会实践体验劳动过程的复杂艰辛，体验劳动取得成果时的喜悦，体验劳动的社会意义和个体价值，体验劳动过程中人际和谐、团队合作的必要性，体验劳动过程中的科学精神、创新意识对于社会发展的重要意义。

第四，社会实践是学生通向社会的桥梁，是个体适应社会角色的途径。社会实践作为人的社会化的重要途径，在促进高等教育与未来社会发展相适应以及在有限的学校教育里使学生逐步完成社会角色的转变方面，发挥着十分重要的作用。

因此，高校要加强实践环节，通过让大学生广泛参与社会实践，增强大学生的道德体验，从而促进其道德养成和基本素质的提高。

（四）树立开放性的德育理念

当今世界是开放的世界，而德育教育则是面向世界的开放的教育。当前德育教育应从全人类的共同利益出发，强调人类的共同发展和共同进步，要注重培养人的开放意识以及竞争合作精神。跨入21世纪以来，国际政治经济形势比较复杂，现代科学技术突飞猛进，人们的理想和信念也面临着新的挑战，在此情况下，高校德育必须深入社会生活实际，必须适应我国社会的发展要求，以增强其实效性。

树立开放性的德育观念，必须扩大德育的视野。高校德育必须从政治的高度，从全面实现小康社会目标的高度，深入开展社会主义、爱国主义、集体主义教育。要坚持科学发展观，坚持"以人为本"，促进和谐社会建设。要努力克服当前高校德育中的封闭性，拓宽思路，在德育目标、内容、方法方面都要增强开放性，以促进学生个性的发展和德育教育的实效。

德育创新是高校素质教育的灵魂，德育理念的创新是高校德育创新的灵魂。

通过理念创新推动内容、方法、环境、机制等其他各方面的创新，不断在实践中探索前进，这是不断推进大学生德育的长久之道。高校德育工作者只有坚持解放思想，实事求是，与时俱进，以发展的眼光审视高校德育，以扎实的工作推动高校德育，坚持树立"以人为本"的德育理念、系统规划和整体推进的德育理念、实践育人的德育理念、开放性的德育理念，并且把这些德育理念不断地落实体现到德育实践中，德育才能真正地与时俱进并不断发展。

二、高校德育内容创新

现代德育包括政治教育、思想教育、道德教育、法纪教育和心理教育等内容。内容的创新主要体现为思想政治教育与人才成长教育的统一，思想政治教育与人文精神培育的统一，思想政治教育与学生个性发展的统一，主旋律教育与审美观教育的统一。处于心智发展高峰期的大学生兴趣广泛，精力旺盛，充满了对知识和信息的渴求，但凭借他们自身的理论水平和分析能力无法对获得的各种各样的知识和信息进行有效的梳理和整合，因而需要教师的帮助和指导。这就要求高校德育要与时俱进，要注重教育内容的科学性与伦理性、政治性与历史性、民族性与世界性的有机结合，培养学生的诚信意识、效率意识、合作意识、竞争意识和创新意识等，从而帮助学生树立正确的道德观、人生观、价值观和世界观。

（一）德育内容与建设社会主义核心价值体系相适应

社会主义核心价值体系作为意识形态的精神产品，对于提高人们的思想水平、精神境界、道德情操以及人格的完善和主体性的提升都有着重大的促进意义。

1.引导学生树立正确的世界观和方法论

当代大学生是伴随改革开放成长起来的，他们切身感受到中国特色社会主义理论体系在实践中的巨大指导作用，因而学起来有着一定的实践和感受基础，是学好用好的有利因素。其中特别强调开展中国特色社会主义理论体系的立场、观点和方法教育。中国特色社会主义理论体系充满了唯物论和辩证法，是大学生树立正确的立场、观点和方法的有力的思想武器。当代大学生认知方式偏重直观化。直观式的认知方式是认识主体在认识客观世界过程中的一种非理性因素的作用，这种非理性的认识很可能导致认识主体对事物的片面认识，陷入盲目性。另外，当代大学生个体意识也日益强烈，他们在认知、意志、情感等方面更注重自己意识的独立性，不人云亦云，随波逐流，然而个体意识的负强化会带来对事物分析判断以及实践中的偏执。大学生的思想特点充分印证了必须加强对大学生的马克思主义立场、观点、方法教育，以提高他们分析问题和解决问题的能力。

2.培养学生的民族精神和时代精神

以爱国主义为核心的民族精神和以改革创新为核心的时代精神，是社会主义核心价值体系的精髓，也是我们开展思想政治教育的重要内容。对民族精神的教育要系统地而不是零散地、全面地而不是片面地、连续地而不是间断地开展鲜活、生动、深刻的教育，使大学生从中汲取营养，培养民族自豪感和自信心。同时，培养大学生以改革创新为核心的时代精神，不断培养创新的优秀品格。创新不仅是一种思维和能力的表征，同时也蕴含了世界观、方法论和思想品德。将创新纳入德育内容体系本身就是一个创新，鼓励大学生在坚定中国特色社会主义理想信念的基础上，主动学习、处理和运用新知识、新信息，尤其要瞄准那些富于时代特征、代表历史发展趋势、具有强大生命力的事物，努力使思想与时代发展同步，从而在不断创新过程中历练大学生的时代精神。

3. 教育学生树立以社会主义荣辱观为主要内容的社会主义道德观

社会主义荣辱观是社会主义核心价值体系的道德基础。社会主义荣辱观作为社会主义核心价值体系的重要组成部分，体现了社会主义的价值导向，同时也规定了社会道德行为的价值标准与评价尺度。高校要切实把社会主义荣辱观教育作为学生思想道德建设的重要内容。这里要培养大学生两种意识：一是培养道德责任意识。道德责任体现社会性和个体性两个层面。道德责任的社会性即是道德主体的道德品行要对整个社会负责，以自身高尚的德行换得他人的快乐和社会的和谐；道德责任的个体性即是道德主体个人对自身负责，这是完善人性、提升人格、追求幸福的需要。二是培养道德自律意识。道德自律的特征是道德主体将外在约束转换成主体自身的意志约束，使主体为自己立法，自觉践行社会的道德要求。三是培养道德践行意识。社会主义荣辱观本身是一种道德价值形态，它是人们以荣辱评价的方式进行社会调节的规范手段和人自我完善的一种实践精神。为培养这三种意识，教育教学活动要针对学生的思想特点，注重内容与形式的统一、理论与实践的统一，有效发挥课堂教学的主阵地、主渠道作用，引导大学生在实践中身体力行，将荣辱观的道理外化为高尚的行为，并养成一种良好的行为习惯，做到他律向自律的转化。

（二）德育内容创新应与德育工作的实际相适应

随着社会的发展，经济和社会的变革，高校德育的内容必须随着时代的发展而不断地推陈出新。首先，高校德育的内容要增加科技知识含量。在知识经济时代，现代科学技术知识的普及和应用可以与德育相辅相成，有效地增强德育的现代化与科学化，带助学生远离各种愚昧，树立辩证唯物主义世界观。其次，高校德育的内容也要解放思想，实事求是。对于外来文化与道德，要敢于取其精华，去其糟粕，为我所用。同时，对于我国传统的道德与文化，也要敢于推陈出新，不断进行完善和补充。高校德育内容只有与时俱进，体现时代特征，才能收到理想的效果。最后，高校德育内容要从大学生的思想实际出发，避免空泛的道德说教，应针对现代学生的思想特征、情感和行为特征，紧密联系国际环境和国内改革开放的实际，讲实话，讲心里话，既以理服人，又以情感人。

1. 重视文化素质教育

文化不仅是社会伦理的构成要素和支撑杠杆，而且也是社会道德的构成要素和支撑杠杆。高层次的道德感和社会责任感主要依靠文化的积淀。文化是一种精神富有，是一种从内心深处流淌的思想，是人必不可少的基本素质。没有坚实的文化积累、开阔的文化视野、深厚的文化素养，即使足够聪明，也不是大智慧，也成不了大器。道德需要文化的滋养，教育需要文化的烘托。因此，要按照全面推进素质教育要求，确立文化素质的基础地位，将文化素质教育思想落实到人才培养的全过程，促进科学教育与人文教育的融合，使大学生获得整体全面的发展。

2. 重视创新精神教育

高校是培养高素质人才的摇篮，也是知识创新的重要基地。重视和培养大学生的创新精神和创新能力，开展创新活动，对全面推进素质教育和科教兴国战略，具有重要的现实意义和深远的历史意义。首先，创新教育是贯彻党的教育方针，培养高科技人才的需要。高校要把培养大学生的创新意识、创新精神和创新能力作为自己重要的工作目标，为培养创新人才提供更为宽松的成长环境。其次，创新教育是迎接知识经济和新科技革命的需要。发展知识经济，推动新科技革命的迅速发展，就必须依靠科技创新，依靠创新人才，这一时代任务必然落在创新教育的肩上。知识经济呼唤创新教育，已成为世界各国发展经济的战略共识。最后，实施创新教育是全面推进素质教育的重要突破口。通过创新教育活动，发展和培养学生的创造性思维能力、科学能力、实践能力以及自主学习的品质、创新开拓的意识等素质，是促使应试教育向素质教育转轨的重要举措。

3. 重视竞争意识教育

在社会主义市场经济条件下，竞争已渗透到社会生活的各个领域，高校的大学生们也面临各种竞争问题，如何以正确的竞争意识参与到激烈的竞争中，实现竞争对社会有利的一面同时规避竞争带来的不利方面，维持整个校园乃至社会的和谐和进步是一个不容忽视的问题。因此，大学生要正确认识竞争、树立正确的竞争意识。当代大学生应该在学习生活中彻底摒弃"安于现状、抱残守缺、与世无争、不思进取"的消极无为观念，树立积极进取、永不自满、敢为人先、勇于竞争的积极有为新观念，努力克服自卑心理，在竞争面前不要恐惧逃避，要勇敢地参与其中，在竞争中展现自己的能力、进一步发掘自身的潜力。首先，大学生在参与竞争之前，对自己的能力和弱点要进行全盘扫描、充分认识，在此基础上对自己有一个合理的定位，确定符合自身实际情况的竞争目标。其次，要在各种竞争前抱着积极的心态。大学生在校期间，有很多参与竞争的机会，各种演讲比赛、辩论赛、运动会、知识竞赛、创业大赛等都在全国高校如火如荼地开展。

给当代大学生提供了很多参与竞争、展示才华的好机会，在校大学生应当珍惜这些机会，积极参与其中，享受竞争的过程，总结成功失败的经验教训，逐渐提高自己的心理承受能力，从而使自己在今后的学习生活中心态更加成熟稳定，行为更加理性。

4. 重视心理健康教育

社会发展，竞争加剧，大学生心理问题日益突出。心理健康教育应侧重于学生的客观的自我评价、良好的情绪调控能力、坚强的意志品质、积极进取的人生态度、健全的人格特征、和谐相处的交往能力以及良好的心理调适能力和社会适应能力。要根据大学生身心发展特点和教育规律，注重培养学生的自尊、自爱、自律、自强的优良品格，增强克服困难、经受考验、承受挫折的能力。要制订心理健康教育计划，确定教育内容方法，建立健全专门机构，积极开展心理健康教育和心理咨询辅导，引导大学生健康成长。

第五节 以人为本高校德育理念的创新建构

高校德育理念不仅是一个观念或理论上的问题，更是一个具体实践问题。因为理论终究要回归实践，并接受实践这个唯一标准的检验。对高校德育理念的创新建构，不是对传统德育的简单抛弃，而是在继承基础上的新的探索，在反思基础上的积极扬弃与超越、提升。高校以人为本德育理念的创新建构，实质上就是通过对传统德育的继承和新的探索，在思想、理论与实践层面切实体现以人为本，真正使以人为本这一理念成为德育思维的根本性逻辑支点，成为德育实践的根本原则与方法的灵魂。

一、牢固确立为了学生与依靠学生相统一的观念

在人类发展的历史长河中，人始终是科技发展、社会进步的主人与目的，更是世界发展的动力与灵魂，"以人为本"的理念正是这一思想的重要体现。"以人为本"不仅回答了为什么发展，即发展"为了谁"的问题，而且也回答了怎样发展，即发展"依靠谁"的问题。它主张人不仅是发展的根本目的，也是发展的根本动力，并认为只有二者的有机统一，才能构成以人为本的完整内容。

（一）一切为了学生

以人为本高校德育理念的根本含义是以人为中心，一切为了人，一切依靠人。其中更为根本的是一切为了人。因此，在高校德育中坚持以人为本首先在思想上就要认识到，大学生是高校德育发展的本质目的，高校德育的发展就是"一切为了学生""为了一切学生""为了学生的一切"。这就要切实做到：

第一，将学生的成长成才作为高校德育的出发点和归宿，把关爱学生作为德育工作的基础，合理利用学校的有效资源做好德育工作。

第二，在课堂教学中建立师生双方的互动模式，改变过去教师单向知识灌输的理念，切实尊重学生的情感、需要，尊重学生的个性与主体性需求，注重学生对德育知识的内化与吸收，切实调动学生的学习积极性，提高学生的德育实践能力，从而达到德育知识的融会贯通，并能自觉做到学以致用。

第三，更加关注大学生自身价值的实现与社会的归属感，尊重、重视每一位大学生正当的利益需要与人格尊严，要积极为优秀学生、学习干部及学生党员创造有利条件，保障他们更好地成长与成才，对高校中家庭经济困难的学生，给予情感的关怀与真诚的帮助，帮助他们建立起自信，对那些存在潜在的心理问题的学生，给予重点的关注，予以适当、积极的引导，让他们更加健康地成长。

第四，树立全方位育人的理念，切实为大学生营造良好的环境与获得全方位培养的氛围,通过创造性地开展一些体验式课堂教学、素质拓展游戏、进行主旋律教育等丰富多彩的活动,让大学生在提高能力的同时,达到形成良好的道德素养与行为习惯的目的。

第五,通过学风建设、班级和宿舍的日常管理,通过鼓励大学生对各种实践活动的积极参与,培养他们的协作精神、创新精神与科研能力;通过个人或团体的方式,对大学生进行必要的辅导,帮助学生较好地完成自我认知,做好自己的职业生涯规划,从而切实减轻学生面对严峻的就业压力所产生的心理负担,从而以满腔的热情投身到社会主义和谐社会的建设,更加自信与欢快地迎接美好的明天。如此,切实提高高校德育的针对性与实效性。

(二)自觉将外在要求转化为内在需要

"为了学生"是以人为本高校德育理念的价值追求,而"为了学生"必须建立在"依靠学生"的基础之上。因为"依靠学生"是真正实现以人为本的力量源泉与动力之源。道德是人为自身的立法。德育应该是人内在的自觉需要,而非任何外在的强制。因此,以人为本高校德育理念的建构并取得实效,归根到底还得靠大学生自身的努力,通过大学生积极性、主动性和创造性的充分调动与积极发挥。这就需要在观念上实现大学生由高校德育的客体到主体的转变。即转变工具论的德育功能观,尊重大学生作为"人"的本质特征,切实把学生看作高校德育工作的主体,认识到学生具有高度的独立性、自主性、能动性、创造性与主体性,尊重学生的需要、自由、尊严与终极价值,尊重学生自主话语权、取向权与选择权,不断造就学生新的需要、能力、素质、行为与活动方式,培养学生的主体意识与审美情趣,丰富学生的经验与学识,发挥学生的潜能,提高学生的实践能力,塑造学生高尚品德与良好品质。充分发挥大学生的主观能动性,发挥他们的自我教育作用,通过他们学习能力、思维能力、判断能力、实践能力与创新能力的不断提高,让学生自己教育自己、自己塑造自己,并通过同学之间的相互教育,达到彼此的互动与互助。如此,学生方能逐步与教育者产生情感的共鸣,自觉、主动地用理性去衡量与解决各种矛盾与冲突,自觉树立起与时俱进的时代精神,养成良好的道德品质,积极培养自身高尚的道德情操,真正将德育知识外在的"占有"上升到对德育本真的内在"获得"。只有努力发挥大学生自身的作用,通过他们自身的自我教育与自我完善,他们才能切身感受到以人为本高校德育理念中

"为了学生"的本质内涵,并通过积极的行动落实,达到大学生自身素质的提高,实现自我价值,从而使以人为本的高校德育真正取得事半功倍的功效。

二、聚焦大学生的自由全面发展

(一)从高校德育无根性向终极价值关怀转化

培养真善美统一的完美人格,便是教育的终极价值。真善美的统一,可以实现人对自身本质的科学、合理与全面的占有,实现人与自然、社会、他人及自身的和谐统一,这当然也是高校德育的最高目标。但这毕竟是一个应然目标,离现实还有一定的距离。在高校德育教育研究中,有的人在反思以往德育目标过高的同时,又走向了另一极端,即走向了对高远德育目标的盲目否定,缺乏对德目标深入的研究与理性分析,而是简单否定。而这种简单的否定,带来的只是人的精神家园的迷失,只是人的德行的匮乏。在高校,只有使德育目标转向对大学生的终极价值关怀,才能使大学生树立起更加远大的理想,具有更强大的精神支撑,才能使他们在痛苦、彷徨与困惑中重新找回自己迷失的灵魂,生活得更加丰富多彩、充满自信与活力。

(二)从德育目标泛化向德育目标人性化转化

我国高校在德育目标的确立上,往往只注重目标的高尚性、统一性与同一化。德育目标忽视了人的本质,忽视了大学生的德行培养、人格完善与可接受性。忽视了德育的现实外部环境,缺乏社会性、适应性、层次性、渐进性与个体适应性的有机统一,从而使高校德育仅仅流于一种"假、大、空"的说教。导致高校德育的可操作性与实效行动低下,不利于大学生的健康成才与成长。高校确立以人为本的德育理念,就要在德育目标上实现从泛化向人性化的转变,逐步形成和发展大学生的主体性道德人格,回归大学生的现实生活与内外环境,尊重大学生的主体地位与个体差异性,兼顾个人利益与社会整体、人类终极价值需要。对大学生的崇高理想、人格完善与德行培养给予必要的引导,让大学生能够在现实的道德价值冲突的情境中,自觉、主动地做出合理的价值分析与判断,进行正确的道德选择,并能自觉践行高校德育规范,真正成为有德行的人,逐步推进高校德育理想目标与现实目标的最终达成。

第五章 高校德育工作方法的创新

第一节 高校德育工作的内涵

高校德育承担着直接为社会培养思想政治素质过硬、道德情操高尚的合格人才的重任，对大学生健康成长和学校工作具有导向、动力、保证作用，对建设社会主义物质文明和精神文明，促进社会全面进步具有重要意义。

全面了解新形势下高校德育工作方法的现状，转变德育观念，增强德育工作方法的针对性和有效性，对于进一步深化高校德育改革，全面实现高校人才培养目标，具有十分重要的意义。

高校德育方法应在原有基础上有所创新，应能在当前的社会中发挥更好的作用。创新不仅是人类发展和进步的客观要求，也是人类生命存在的内在需要。一个人的生命存在不是一种简单的重复，而是一种追求（向往），即对一种更好的、新的生命存在性的追求。生命存在本身所要求的不是持续不断地保持某种原有的状态，而是要求一种创新、一种改变，这种创新作为生命的一种自我存在意识付诸现实活动，就是对现状的改造。所以，人的生命存在活动的基本特征，就是在保持生命存在状态的条件下对生命新的存在形式进行不断创造，超越生命。

一、高校德育工作和高校德育工作方法

高校德育工作是指围绕大学生的思想政治素质和道德品质的提高而进行的一系列工作，主要包括"两课"——马克思主义理论课、思想政治教育课，教师从事的教学工作和学生思想政治工作专职干部从事的教育管理工作。在这里需要明确的是，不同历史时期，由于不同的社会发展形势和不同的教育理念，高校对学生进行的思想道德素质教育的侧重点有所不同。中华人民共

和国成立到改革开放这段时期，由于社会政治意识较浓，高校对学生"德"的要求主要偏重思想政治素质；随着社会主义市场经济制度的建立，人们普遍认识到"诚信"等公德意识的重要性，同时西方思想的传入导致相当部分社会成员道德意识淡薄，全社会开始重视"以德治国"，这段时期对学生"德"的要求又稍倾向道德素质教育。于是，不同时期对高校学生的思想道德教育提出不同的称谓，主要有"高校德育工作"和"大学生思想政治工作"两种提法，但其基本要求并无实质性差别，本书将两种提法合而为一，统称"高校德育工作"。

我国高校通常采用说服、树立榜样、指导修养、品德评价等方法进行德育教育工作，这些教育方法多少带有强制意味。这种强制性的"灌输"容易引起学生的反感，使之产生抵触心理。而且这种德育过程往往缺乏师生的讨论交流，缺乏学生的尝试和反思，在很大程度上禁锢了学生的思维，限制了学生的自主性和创造性，致使思想道德教育不受学生欢迎，流于形式，实效低下。以往的德育工作途径多以课堂上对德育理论的讲授为主，给学生"灌输"理论，给学生"讲"什么应该做、什么不应该做，而与学生的交流少；其他从事学生思想政治工作的专职人员对学生的思想道德教育也多停留在说教上，停留在学生出问题后的帮助、教育上，很少结合学生的思想实际、现实需要开展工作，缺少与学生心理的沟通和实践性环节，不善于利用现代教育手段，工作途径比较狭窄。

高校德育的基本职能是对学生进行道德教育，引导大学生培养和树立马克思主义的世界观、人生观和价值观，鼓励他们争做社会主义"四有"新人。从当前高校德育工作的总体实践来看，其主流是好的，在培养社会主义合格的建设者和可靠的接班人方面发挥了不可替代的作用。但与此同时，我们也发现大学生的道德状况在许多方面令人担忧，其主要表现有：①高校德育严重失位，遇冷淡和排挤。当前我国的高等教育仍以应试教育为主，这从大学的教学质量评估中可见一斑。大学的教学质量评估主要是依据本科生生源、研究生报考人数和录取率、学生外语考试成绩（指全国大学英语四级、六级成绩）以及一些学术性、学科性竞赛成绩等。在这样的情况下，智育具有重要地位，德育却因此在大学的全盘工作中严重缺位。这些数字化的评估指标反映了大学水平评估的"知识取向"，导致大学逐渐忽视对学生全面素质的培养。②德育目标定位过于片面，忽视了学生主体的内在需求。不管从理论还是从实践上看，学生个体品质都具有多样性和多层次性。然而，从目前高校德育的目标模式看，其往往强调高校德育按同一标准、同一方法要求教育学生，很少正视学生主体的内在需求，基本上忽视了道德教育的个体功能。③"两课"教法脱离实际，德育内容匮乏、滞后。④大学生行为养成教育环节薄弱，德育生活枯燥无味。大学生良好道德习惯的养成，不仅要靠思想教育，而且，必须辅之以必要的行为管理和德育生活熏陶，把德育生活融于大学生的行为养成，逐渐培养他们的道德习惯和意志力。⑤教师职业水准下降，德育实效整体低下。在招生规模扩大和教师短缺的情况下，不少高校把教师的学历、职称和科研成果当作奖惩、晋级的重要依据，从而忽略了教师职业水准的要求，有的"两课"教师知识贫乏、能力不强，习惯用过去的思维方式来开展当前的思想政治教育。另外，高校德育管理体制不健全，机制不顺、运行不畅、规划不实、队伍不稳、落实不力，这些都将导致德育工作在管理上缺乏力度和深度。

针对大学生思维活跃、思维状况复杂的情况，可以改经验型的德育工作方法为科学型的德育工作方法，将心理学、伦理学、社会学、美学乃至系统论、控制论、信息论、现代管理科学等学科知识引入德育工作领域，努力提高德育工作的知识含量。

二、高校德育理论基础和基本原则——杜威实用主义道德教育理论

约翰·杜威是西方道德教育领域最有影响的教育家之一。目前流行的各种道德教育模式无一不源于杜威的理论，尽管他们的研究结果超出了杜威的理论假设，但在某些方面仍留有杜威思想的痕迹。以美国著名哲学家、伦理学家、教育家和社会活动家杜威为代表的实用主义道德教育理论，把道德教育作为研究人的科学。他认为，人的研究首先或最终必须归于人或人的本性，人的行为首先受制于人的本性发展，必须从人的本性与外部环境的相互作用中求得解释，因而道德教育是依据"人的本性的科学"。杜威认为，人的本性确有某些难以改变的倾向，主要是人的本能。但本能不是人性的全部，从根本上说，人的本性总是在与外部环境的相互作用过程中不断改变着。正是这种可变，才使道德和教育成为可能。人的本性可变，才有道德的需要和其发挥作用的可能，而道德对人的本性的控制方式就是教育，在此意义上，教育的方向、基础和意义都系于道德的要求、教育和道德的相互统一。

道德的发展是以理智的发展为前提的，但知识含量只体现个体素质的内涵，而人的德行却体现个人发展的方向。一个掌握先进技术和科学知识而在道德和人格上存在缺陷的人，往往会给社会带来危害。道德教育应该是在活动中培养道德品质，从做中学，他主张在活动中养成道德品质，而道德表现在人的某个行为特性中。唯有在活动中，人们才能够既掌握道德知识，又养成道德品质。

（一）在参与社会生活的活动中形成道德判断力

只要学校与社会脱离，学校里的知识就不能运用于生活，因此也无益于品德的形成。传统教育的失败在于忽视了学校作为社会生活的一种形式的基本事实，只是把学校作为教师传授知识、学生学习某些僵死的课业和培养某些固定习惯的场所。实际上，这些东西并不能成为学生生活经验的一部分，因而并未真正具有教育的作用，却同时成为道德训练成功的障碍。他认为，正如社会提供了道德发展的"实验室"一样，学校同样应该作为学生道德发展的"实验室"，为其提供指导，如同成人在他所在的更广泛的社会生活中一样，在学校中，学生应有同样正当的行为动机，有同样的道德行为的判断标准。学校应反映校外成人的标准，把学生当成一个人，它必须像一个整体的统一的人那样过他的生活。正是从这一思想出发，杜威反对学校为使学生习惯于某种行为模式采取惩罚等手段。在他看来，道德教育不能造成对惩罚的恐惧，也不能企图通过直接的奖励使学生遵循道德原则。允许学生犯错误并鼓励他们在发展中不断修正自己的判断，这才是最恰当的教育方法。

让学生参与社会生活的方式之一是把学校本身变成一种典型的社会生活。学校在这方面的道德责任就是要设计适合学生需要的各种活动，使学生在集体生活中受到刺激和控制。

（二）课程和教材的道德教育作用

通过各科教学进行道德教育，在杜威看来，有两方面的含义：

一方面，教材必须联系社会生活。他建议，应当把学校学科作为理解社会活动情况的手段，把熟悉过去作为鉴别现在生活的有效力量，或变为应付未来的有效的工具。因此，学校的各门学科只有按照了解社会生活方式去教的时候，才具有积极的伦理上的意义。

第五章 高校德育工作方法的创新

另一方面，教学必须以心理变化为依据。杜威认为，对学生来说，教材永远不是从外面灌进去的，学习是主动的，它包含着心理的积极开展，它包括从心理内部开始的有机的同化作用。没有任何一门学科本身自然而然地具有固定的教育价值，因此，如果不顾及学习者的发展阶段，就无法实现教育目的。在杜威看来，把一套固定的行为规则或"坚硬"的道德习惯强加给学生，或者把已组织好的知识一股脑儿地灌输给学生，都是忽视个人的特殊能力和要求，忘记了一切知识都是一个人在特定时间和特定地点获得的。因此，有效的方法是使教材"心理学化"，从而便于学生吸收并转化为自己的行动指南。

（三）以解决问题促进道德成长

理想的道德训练方式乃是"民主"的方法，即"科学的方法"，也就是运用智慧进行"探究"的方法。人在适应环境的过程中，会遇到包括道德在内的各种疑难问题。人与环境的作用，就在于努力寻找解决问题的途径与方法。所有这些都不是通过强制的灌输，而是借助创造性的智慧对道德问题进行的积极的探究。在道德训练的过程中，教师通过提供现实生活中的"道德两难"问题供学生思考和讨论。教师的任务是激发学生的反省思维、好奇心和寻求新见解的态度，目的是让学生学会"如何决定做什么"。这种方法虽可培养学生"民主""合作"的"不能难得超出学生能力所及的范围"，应使新问题的困难程度大到足以激发思想，小到加上新奇因素自然带来的疑难，足以使学生得到一些富于启发性的立足点，从此产生有助于解决问题的建议。实际上，唯有在活动中学生才能既掌握道德知识又养成道德品质。

三、关于加强和改进高校德育工作的重要意义

高等学校的根本任务是培养德智体美劳各方面全面发展的社会主义事业的建设者和接班人。高等学校培养出来的学生，他们的思想道德和科学文化素质如何，直接关系到21世纪中国的面貌，关系到我国社会主义现代化建设事业能否实现，关系到能否坚持党的基本路线一百年不动摇。为此，我们必须重视德育工作，把坚持坚定、正确的政治方向放在学校工作首位。

（一）德育工作有助于应对国际、国内环境变化带来的挑战

当前，世界多极化和经济全球化的趋势在曲折中发展，科技进步日新月异，综合国力竞争日趋激烈，各种思想文化相互碰撞，我国加入世界贸易

组织后，伴随着经济频繁交往，高校面对着西方文化的大量传播和入侵。改革开放以来，随着我国社会主义市场经济体制的确立和完善，我国社会的经济成分、组织形式、就业方式、利益关系和分配方式日益多样化，人们思想活动的独立性、选择性、多变性、差异性明显增强，人们的收入差距在拉大，政治、文化、权利意识在提高，思想观念呈现多样性趋势。随着我国教育事业的发展，高等教育进入大众化阶段，学生缴费上学、自主择业，新一代大学生所处的社会背景、家庭环境都发生了很大变化。

（二）德育工作事关国家稳定和社会主义现代化建设大局

德育工作事关培养什么样的人才，如果不加强德育工作，坚持马克思主义在意识形态的主导地位，引导大学生坚定共产主义信念，树立建设中国特色社会主义的共同理想和正确的世界观、人生观、价值观，就可能出现全社会思潮混乱，影响国家稳定和社会主义现代化建设大局的严重后果。

（三）德育工作是学生成人、成才的重要保证

没有坚定、正确的政治方向，人就会偏离方向，甚至走上与社会对立、危害自己和国家的道路；没有健康的心理，人就会意志消沉、情绪低落、思想混乱，甚至走向自残、轻生的绝路；没有良好的道德修养，人就不能正确指导自己的行为，不能处理好各种复杂的人际关系，不能与社会建立和谐关系，就会将自己与集体孤立，得不到他人的尊重与关爱。总之，德育工作是学生成人、成才的重要保证，如果失去德育工作对人生成长过程中的有益辅导，学生就不能健康成长，就不能做对社会有益的事，就不能实现人生价值。

（四）新时期高校德育工作的新要求

新时期大学生的新特点对高校德育工作提出了新的要求。新时期大学生思想政治教育的核心、重点、基础和目标，并提出了"一个坚持"（坚持以人为本）、"三个贴近"（贴近实际、贴近生活、贴近学生）、"四个提高"（提高针对性、实效性和吸引力、感染力），明确了改进大学生思想政治教育的努力方向；提出了把树立正确的世界观、人生观、价值观教育，弘扬培育民族精神教育、公民道德教育和素质教育作为加强和改进大学生思想政治教育的主要任务。

第二节 高校德育工作面临的挑战

一、新形势下高校德育工作环境的变化

世界进入知识经济时代，社会的生产方式、生活方式、管理方式、思维方式等都已发生巨大的变化。改革开放多年，风雨兼程，我们高举实践的旗帜。人类历史的经验证明，人性的基本而是不可改造的，尽管人的道德水准和文明程度可以获得提升。伴随由计划经济向社会主义市场经济体制的转轨带来的经济的持续高速发展，以及由社会全面改革开放带来的西方的科学技术、价值观念的源源不断地输入，人们的思想发生了深刻变化。

就学校德育而言，这些都意味着德育环境的变迁。而作为社会的一个子系统，一方面，学校德育必须完成社会所交付的道德教化的任务，并在此过程中获得自身发展的基础和条件；另一方面，学校德育也不可能摆脱社会对其自身的制约。

（一）社会形势转型的三种特点

一是世纪转换。在新的世纪里，我国要实现中华民族的伟大复兴，要全面建设小康社会，加快推进现代化新的发展，成为富强、民主、文明、和谐美丽的社会主义现代化强国。当代大学生是完成这一历史任务的主力军，高校的德育工作就是培养德、智、体等全面发展的社会主义建设者和接班人，为经济发展和社会进步提供精神动力和智力支持。

二是社会转型。我国正处在从发展中国家向现代化国家转型、从农业国向工业国转型、从粗放型经济向集约型经济转型的转折期。要实现社会转型和经济发展的宏伟目标，最重要的是培养人才，培养掌握现代高技术的人才。高校德育工作的任务之一就是让学生了解和认识我国21世纪发展的宏伟蓝图，鼓励他们奋发向上、努力成才。

三是体制转型。我国正处在从计划经济向市场经济转轨的后期，这对社会的经济结构、文化结构、教育结构以及人们的思维方式、生活方式等都将产生巨大的冲击。高校的德育工作要帮助学生树立与市场经济相适应的现代观念和意识，改变学生中存在的各种非理性观念，使学生正确认识市场经

济带来的消极因素和负面影响，使大学生成为改造社会、促进社会发展的主人和动力。

（二）德育环境变化的两个方面

一是社会环境发生变化。世界多极化和经济全球化的趋势继续在曲折中发展，科技进步日新月异，综合国力竞争日趋激烈。我国处在一个大改革、大调整、大发展、大变化的重要历史时期，思想文化领域面临着种种复杂情况。随着社会经济成分、组织形式、就业方式、利益关系和分配方式的日益多样化，人们思想活动的独立性、选择性、多变性和差异性也日益增强，社会思想空前活跃，各种思想观念相互交织，各种文化相互激荡，各种思潮不断涌现，各种矛盾错综复杂，社会意识出现多样化的趋势。这种变化趋势从总体上来讲是积极的，为青年学生的全面发展创造了更加广阔的空间，与社会进步相适应的新思想、新观念正在丰富着青年学生的精神世界。但在这个过程中，面对国际背景、经济基础、体制环境、社会条件、传播手段的深刻变化，面对青年学生求新、求乐、求知、求助的各种需要，高校德育在思想观念、内容方法、管理运行等诸多方面还不适应。高校德育要直接面对社会开放和价值多元的现实，认真研究新情况、新问题，正视道德冲突，解决道德困惑，帮助学生分辨是非，学会判断和选择。

二是德育对象发生变化。当代青年学生出生在改革开放年代，成长于社会转型时期，他们的心理状况、接受能力、欣赏水平发生了很大变化，接收信息、学习知识、休闲娱乐的方式、方法、手段发生了很大变化，独立性、选择性、多变性和差异性明显增强。青年学生思想、价值、观念、行为呈现许多新特点。

在思想现实上，学生关心的热点在减少，没有集中热点；政治意识、理想激情逐渐被理智、客观、冷静、现实的思考所取代。观察问题、处理问题时往往表现出五个"更多"，即更多地采用生产力的标准，而不是意识形态的标准；更多地采用具体利益的标准，而不是抽象的政治标准；更多地采用市场经济的标准，而不是传统的道德标准；更多地采用批判的标准，而不是建设的标准；更多地采用"与国际接轨"的标准，而不是"中国特色"的标准。

在思想价值上，由于生活经历的单纯和价值环境的复杂，他们中不少人存在认知与行为的背离。他们主流积极，亮点突出，但缺乏艰苦生活的磨炼，心理承受能力较差。他们初步具备了一些现代性的思想品质，但科学精神、人文素养、公德意识、心理素质还有所欠缺。有些学生自我意识强烈，集体观念、团队精神、大局意识、社会整体意识缺乏，价值主体自我化、价值取向功利化、价值目标短期化的趋势日益突出。有些学生面对复杂的社会、激烈的竞争和将来的择业，心理脆弱，信心不足，适应能力差。

在思想行为上，青年学生主体性、选择性、观点多样性的特点突出。他们更加关注社会生活，更加讲求实效，更加注重主体的自我感受，更善于独立思考，更希望在平等的交流中追求真理，更愿意在对社会现实的思考中选择真知。在政治观念上，他们积极、健康、向上、认同感强；在社会热点上，思考多、关注多、忧患多；在成才意识上，求新、求知、求整体素质提高；在价值取向上，注重自我，注重功利，价值取向多元。把握青年学生思想变化的特点，关键在于全面、正确评价当代大学生，我们要坚持辩证思维，深入分析特点，研究正确对策。

二、新形势下高校德育工作内容与方法面临的挑战

新时期国际、国内形势的新发展给在校大学生带来了思想观念、价值取向、文化生活的多样性，经济全球化、网络文化以及我国高等教育大众化的趋势等因素都对高校德育工作提出了新的挑战。

市场经济中人的自我和人的物化倾向加剧，使社会生活在一定程度上呈现出片面追求个人物质利益的倾向，人的物欲膨胀使德育工作所宣传的理论和观念不容易被教育对象所接受。具体来说，现阶段高校德育工作主要面临以下挑战。

（一）高校德育工作面临经济全球化的挑战

经济全球化是指跨国商品与服务贸易及国际资本流动规模和形式的增加，以及技术的广泛使用，使世界各国经济的相互依赖性增强。我国社会转型不断加快，改革不断推进，经济成分和经济利益多样化、社会生活方式多样化、社会组织形式多样化、就业岗位和就业形式多样化的趋势日益明显。全球化是一把"双刃剑"，当代大学生往往只看到世界经济繁荣和发展的一面，而没有看到其中蕴含的深层次的问题和潜伏的危机，只看到经济全球化给世界经济产生的积极作用，而忽视了它的负面影响。因此，高等学校要加

强对学生全面素质的培养，培养学生树立国际化、全球化观念，克服狭隘的民族主义和本土观念，提高他们认识和分析问题的能力，帮助他们掌握一定的国际政治、经济、文化等方面的知识，培养他们国际交往的能力。我们的任务是使我们的大学生既有强烈的自尊心、自信心，又有世界眼光、国际意识；能使他们既懂得保持本民族的价值规范体系，又能融入世界优秀文化；在全球化的背景下，能够使他们在竞争中合作，在合作中竞争、发展。

（二）高校德育工作面临着社会多元化带来的挑战

随着经济体制和政治体制改革的不断深入和发展，我国社会正面临着重大变革，社会呈现多样化的趋势，社会环境的复杂性和多样性大大增强，经济体制和社会结构的变革、多元化利益格局的产生和变化，导致了学生道德观和价值取向的多元化。高校德育的对象呈现出新的特点：独立意识、自我意识增强，思想行为趋于个性化，学习动机多样化，价值取向务实化等。学生的活动、行为习惯具有明显的个性特征和复杂的层次性。

当代大学生思想发展的特点和阶段性，决定了高校德育必须具有时代性和针对性，要根据时代发展需要和学生的思想实际精心设置德育的内容体系，人道主义、科学精神、环境意识、全球意识、和平与发展意识、合作意识等全社会、全人类共同的一般行为规范教育，应成为德育的重要内容；要用市场经济强化现代观念，培养学生开拓进取、独立自主、爱岗敬业的理性精神，培养学生关心、同情、友善、宽容等美德。要结合当代大学生多层次、多样性的特征，加强大学生的心理咨询和心理承受能力的培养；要坚持中华民族优秀文化和优秀传统教育，注意道德教育与人文精神交融。

（三）高校德育工作面临国民经济快速发展的挑战

国民经济的快速发展加大了大学生生活方式的复杂程度，对大学生思想教育工作提出了严峻的挑战。大学生的生活方式与其他职业群体以及同龄青年的生活方式最明显的差异，就在于具有独特的"校园"特征。

一方面，大学生是个相对独立的群体。他们长期学习、生活在校园。接触的多是同龄人。无论是外地学生还是本地学生，家庭观念普遍淡化，在观念和习惯上都保持着一定的独立性，并形成了带有校园特色的群体生活方式。

另一方面，大学生是社会中文化层次较高的群体。一是他们每天接触中外书籍，生活在各种文化信息丰富的环境，因此他们更易受到各种文化思潮的冲击。二是大学生极其重视精神生活，喜欢探索社会、思索人生，喜欢对各种事件评头论足，做出新的价值判断。在市场经济发展的过程中，求美、求乐成为年轻人的追求，一些人不仅注重物质享受，而且非常讲究精神生活，文化消费于是产生。象牙塔内的"天之骄子"也逐渐崇尚一掷千金、纸醉金迷的奢侈生活方式，丢掉了勤俭节约的传统美德，甚至有少数学生自甘堕落。这种反传统的特征在当代大学生身上表现得较为明显。改革过程中的观念交锋和开放过程中西方思潮的渗入，与他们尚未成型的世界观、政治观、人生观、道德观产生了极大冲突。有研究者认为，现在的大学生是在西方思潮与传统文化的"夹缝"中长大的，这话不无道理。这些给高校德育工作带来的所有的负面影响，使德育工作尤其高校德育工作面临着新的形势和新的课题。

（四）高校德育工作面临高科技迅猛发展带来的挑战

当前，科学技术的进步日新月异。科技知识空前快速地生产、传播和转化，极大地改变了人们的物质生产、精神生产和日常生活，推动经济、政治、文化发生越来越深刻的变化。计算机、互联网在中国开始以极快的速度普及，互联网信息传播成为经济全球化最形象的代表。高等院校的学生和教师成为最集中的计算机互联网信息传播的先锋。计算机互联网信息传播在信息传播史上引起了一次革命，它把人类社会带入了数字化时代，为人类提供了一个冲破传统地域的新的活动空间，人们在网络空间里逐渐形成新的社会方式、社会规范和思想意识，大学生的信息渠道从单一型走向立体型，从线性刺激拓展到全方位刺激，它改变了以往报刊、广播、电视信息单向传播的局限，第一次把信息传播变成即时互动的交流，为人们的交流开辟了更广阔的空间，同时也更新着人们的观念。在突然到来的互联网信息面前，高校德育面临着新的机遇和挑战。如何使大学生有效抵制不健康信息的诱惑，怎样帮助他们控制自己的道德行为，理性地选择自己的道德模式，成为高校德育工作亟须解决的问题。

（五）高校德育工作面临高等教育大众化带来的挑战

目前，我国高等教育正在由"精英教育"向"大众教育"转变。首先，这种转变必然会带来高校人才培养质量标准的多样化，因此传统"精英教育"的高校德育培养模式已难以适应目前新形势的发展要求。其次，这种转变也必然会导致高校校园文化向多层次、多格局，满足不同层次学生需要的方向发展，这也为高校的德育工作带来了许多新的疑难问题。最后，高校招生规模的不断扩大、学分制等弹性学制的逐步实施以及高校后勤社会化的不断深入，都会在不同程度上使高校的德育工作面临新的冲击和挑战。

（六）高校德育工作面临高等教育改革带来的挑战

高等教育改革带来的挑战的具体表现：随着高校招生制度的改革、招生规模的不断扩大，学生的成分和结构更加趋向多样化和复杂化，学生的生活方式、思维习惯和价值观念日趋个性化；学生缴费上学，导致部分学生产生不正确的学习目的和动机，对政治漠不关心，集体观念淡薄，学校对学生特别是毕业生的约束力有所减弱；高校后勤社会化改革，削弱了学校对学生宿舍、食堂的管理，也容易使学生养成铺张浪费和超前消费的不良消费观，使部分学生忘记艰苦奋斗、勤俭节约的优良传统和精神。

（七）高校德育工作面临应试教育的挑战

应试教育就是片面追求升学率，不顾学生的承受能力，强压学习任务。应试教育不是采取积极方法调动学习积极性，而是制定各种"残忍"的规章制度迫使学生学习。在这种环境下，一些学生采取作弊的手段来取得较高的考试成绩。考试作弊不利于培养正确的道德观，部分学生认为考试作弊是小事、无关大局，甚至有些考生作弊得手不以为耻，反以为荣，久而久之，势必造成学生道德观念淡薄，在有意无意中认同或宽容"不正确""不合规定""不守规则"等欺诈与作弊行为，在作弊的道路上越滑越远，人生观、价值观发生严重偏离。作弊者所欠缺的不仅是学业能力，更重要的是人格。考试作弊还不利于社会竞争。考试作弊作为一种欺骗行为，既欺骗了老师、同学，又欺骗了父母，更欺骗了自己。尤其作弊行为被发现，后果严重，既伤害学生的自尊，在心理上给学生投下长久的阴影，甚至会影响学生的一生；同时破坏了师生之间、同学之间的信任。假使侥幸"成功"，也可能为将来走向社会在更广阔的领域采取不正当的竞争、投机、欺诈乃至犯罪埋下隐患。

市场经济是以利益为主导的经济，利益导向机制反映在人成长的过程，在目前表现为"唯智"或"唯学历"的倾向。这种倾向不但严重阻挠全面发展的人才的培养，而且是造成我国学校德育低效的主要原因之一。因此，如何处理应试教育的问题，是德育工作棘手的难题之一。

第三节 高校德育工作方法的创新

对高校德育工作进行梳理和反思，就会发现高校德育工作面临着很多问题，集中反映出来的问题是要求高校必须进行德育工作方法的创新。新的形势也需要高校德育工作从新的思维和新的视角出发，站在"人的全面发展"和"传承传统文化"的理论之上对高校的德育工作方法进行创新。面对未来的种种挑战，高校德育工作的个性化、社会化、终身性等特征，要求一系列实践创新活动需在正确的理念指导下不断探索。高校德育工作应当根据社会与经济发展的需要，借鉴和吸收现代文化和信息技术的积极要素，从计划经济时代传统的灌输型德育模式转向辨析型、引导型的德育模式，构筑起一种新型的互动关系。

面对目前高校德育存在的问题，面对新形势下的挑战，面对我国知识经济发展对思想政治教育的迫切需要，面对高校教育中德育工作的生命线地位，高校德育工作必须实现理论上的突破和实践上的创新。

一、高校德育工作的创新

（一）德育意识的全员化和德育格局的全方位

全体教职工都负有德育工作的责任，要做到"三育人"，即教书育人、管理育人和服务育人。全体教师应该更新教育理念，彻底改变只有德育教师才负有学生道德教育的责任这种错误思想，高度重视和充分发挥每一位教师的育人作用。教师要树立正确的教育思想，做到言传身教，为人师表，以自己的行动感染学生，使他们受到道德的熏陶。要发挥各科教学的德育功能，结合教学相关内容和各个环节，在适当的时机对学生实施道德教育。例如，在物理教学中，可以通过介绍我国古代的科学技术成就让学生充分认识到中华民族的灿烂文化，树立民族自豪感；介绍我国现代科学技术新成就，弘扬中华民族的创造精神；结合物理知识的教学对学生进行辩证唯物主义教育，使学生认识到世界的物质性、运动性等。不仅在物理教学中，每个学科的教学都蕴藏着丰富的道德教育资源，这就需要教师充分挖掘，将道德教育融于学科教学，以期达到对学生的道德教育的潜移默化的影响。

学校各项服务工作都应有德育功能，只是有的德育教育的因素比较明显，而有的比较隐蔽。学校各项管理工作都应尽力与德育工作相互配合，注意道德教育因素，紧密结合实践，着眼于对学生的教育，从严要求，注意方法的使用，使学生从中受到感染、激励和教育。

（二）德育目标的层次化

德育目标是德育活动所要达到的目的和要求。我国还处在社会主义初级阶段，多种所有制形式、经营形式、分配形式并存，社会道德方面既有属于高层次的、代表未来方向的共产主义道德，也有调整个人与社会、集体、他人关系的社会主义道德，呈现出以社会主义道德为主体的多种道德并存的局面。与之相适应，高校德育必须打破传统的"大一统"的目标模式，大学生的道德水准呈现多层次、多规格的特点，高校德育工作应根据大学生不同年级、不同身心发展水平，针对学生人生观、价值观、道德观及思维方式上出现的新特点，根据社会发展阶段的新要求，从培养时代新人着眼，从抓基础项目入手，分阶段、分层次制定德育目标。

（三）德育方法多样化、层次性

德育方法是为完成德育任务所采取的手段。由于德育过程是一个多因素相互影响、多层次的发展过程，大学生思想品德的形成受到社会、家庭、学校以及学生个人身心发展状况诸方面的影响，德育必须通过影响思想品德形成的各种条件的综合作用才能奏效，这就决定了德育方法的多样性和层次性。德育方法从不同的视角可以分为不同的层次。例如，从德育主体和客体的角度，可以分为主体外部灌输和客体自我修养两个层次；从德育内容权重的角度，可以分为理论教育、实践教育；从德育的类型，可以分为氛围型、渗透型、情感型、审美型；从德育方法的特点和作用，可以分为说理教育法、情感陶冶法、实际锻炼法、榜样示范法、修养指导法等。

二、高校德育工作方法创新的尝试性策略

创新是主体通过探索去解释和把握世界的规律，并遵循和运用事物的规律，催生富有全新价值的新事物的过程和结果。创新是一个艰苦的过程，在这个过程中我们必须充分发挥主体的能动性，而这种能动性的发挥必须符合事物的发展规律，同时受到客观条件的制约。因此，高校德育方法不仅在其创新过程中面临着挑战，更重要的是这种方法的创新必须要正确地应用于教育实践，并对实践产生预期的影响和效益。高校德育是一门科学，其知识体系要经得起现实生活的检验和历史的验证。一般来说，德育的有效性主要表现为德育活动对其预设目标的实现程度。这是一个尝试性的过程，也是检验我们的创新方法的科学性的过程。任何教育理论都不能放之四海而皆准，因此，任何新的教育理论的实践都必须是谨慎的、尝试性的。

基于我们对现代道德教育现状的分析，我们认为在今后的道德教育中，指导思想和实际内容都要有所改变。从大的方向来讲，我们的道德教育首先要做到以下几点。

第一，高校高度重视道德教育。这显然不是一个创新，因为在我国各级教育目标中都明确地把道德教育作为教育的首要任务和内容。但实际上在我国的高等教育阶段，道德教育并没有真正被提上日程，高校的道德教育实际上主要是政治教育和大学生日常规范教育。道德教育的真正意义已经丧失无遗。因此，结合现阶段社会道德水平下降、道德信仰无所坚持甚至道德信仰衰落的状况，高校德育必须反思自身。高校应肩负起大学的责任，把大学精神真正落到实处。大学的责任不是仅仅授予学生一个谋生的证书和学历，更重要的是让学生传承中华民族的优秀道德文化传统。

根据社会主义教育目的、德育任务、当前的形势及青年学生的思想品德水平确定的。以往我国的德育目标过于单一，不分层次，片面强调目标实现的高水平、高要求。当代大学生思想发展的特点和阶段性，决定了高校德育工作必须有针对性地、科学地、系统地安排内容，做到不同教育阶段有不同的侧重点。根据社会转型期价值观念多元化的趋势和学校德育一元化导向的多种任务，现阶段高校德育内容应在固定不变的一般化、单一化的社会、阶级和民族规范教育的基础上，逐步增加现代社会的一般的或普通的社会规范和技术规范教育内容。马列主义基本理论教育、共产主义理想教育、爱国主义教育、集体主义教育、劳动教育、纪律教育和国情教育等，仍是德育的基本内容。人道主义、环境意识、全球意识、和平与发展意识、合作意识等全社会、共同的一般行为规范教育，应成为德育的重要内容。开放意识、主体意识、创造意识以及艰苦奋斗、无私奉献精神乃至社会责任感、心理承受能力、受挫折能力教育等，也应成为德育不可缺少的内容。当然，不同的历史时期，主客观的临时需要可以使某方面的教育有所侧重。现阶段，人们的生活方式、思维习惯和价值观念等趋个性化，思想活动、行为习惯具有明显的个性特征和复杂的层次性。当代大学生，思想发展的特点和阶段性，决定了高校德育必须具有时代性和针对性，要根据时代发展需要和学生的思想实际，精心设置德育的内容体系。

现在高校德育方法的创新和应用还要从以下几个具体方面入手。

（一）加大对学生的精神投入，培养学生的独立创新精神是高校德育的重要指导思想

以学生为中心，加大对学生的精神投入，培养学生的独立、创新精神，是一个重要的指导思想。高校是培养人才的地方，它一方面担负着为社会主义建设事业培养各类人才的任务；另一方面还要达到培养高素质人才的目标。要实现这一目标，就必须坚持以学生为中心，这是高校一切工作的出发点和落脚点，也是做好德育工作的基本原则。学校必须为学生提供全方位、全过程、全员的育人服务，创造良好的育人环境。在德育方面，必须抓好精神投入，造就社会主义事业新人。所谓精神投入，是指对人的需要的关怀、重视、理解、支持，它属于意识形态范畴，具有明显的情感色彩。对高校德育的对象大学生来说，精神投入所关注的是他们的自身价值能否得到提升和发挥，能否被教师及其他同学认可和赞同，从而觉得自己就是教学的主体。大学生的视野开阔、思维活跃、情感丰富、青春焕发，他们追求自身价值的实现，注重人与人的友谊和交往，看重社会评价、荣誉、信义和成就感的满足，这些都会直接影响人与人的感情，更影响心与心的沟通。因此，抓好精神投入，就是要着眼于情感的调节、灌输，开展形式多样的教育活动，培养学生对人生、对社会有积极意义的感情；就是要把大学生为实现自身价值做出的努力，转移到为国家、为人民、为社会而忘我学习和多做贡献上来。

现代社会是竞争的社会，激烈的竞争对教育提出了新的挑战，它迫切要求培养人的创新精神、创新能力、创新人格这三个方面的素质。高校德育应克服这种不良影响，在要求受教育者遵循基本的规则之外，多给他们提供探索世界、发展自我的机会；让他们经常有独立思考的机会，养成独立思考的习惯，培养学生独立思考的能力；此外，还要注意培养学生自强不息的创新进取精神。

（二）加强对思想政治理论规范的理性阐释是高校教育的重要方法

理论规范用以指导人们如何去做，理性阐释则是解决为何要去做的问题。过去的实际工作往往把政治理论看成有关伦理原则、规范的传授和灌输，不注重培养受教育者运用这些规范和原则的能力。由于缺少相应的理性阐释，人们对政治理论规范的接受始终停留在知其然而不知其所以然的层面上，这使正确的理论规范难以在人们心中扎下根来，成为人们的自律准则。而我们的学校教育也没有对此引起足够的重视，而是更多地从社会现实和经济利益出发，来调节自身的人才培养模式。现阶段，我们必须针对现代大学生的主要道德教育问题，有重点地补上传统道德教育这一课。

（三）网络道德教育提上了高校德育的日程

网络道德是人们以网络技术为媒介，对通过电子信息网络发生的社会行为进行规范的伦理准则。它是调整人与人之间关系的社会准则，是人类社会既有的道德通过结构性变动而形成的继承和创新相互统一的产物，是现代和传统相互整合的现代道德形式之一，是一种在适用范围上超越时空，覆盖全球的普通的伦理规范。

现代网络的发达和人们对网络的依赖达到了前所未有的水平，网络给人们提供了相当大的便利和效益，同时也带来了很多不可忽视的问题。网络道德的缺失与网络的迅速发展形成了鲜明对比。在现阶段，网络非法活动常见，但是由于网络的特性，这些非法活动得到了很好地掩饰，网络活动缺乏道德约束。

现代大学生正是生活在现代网络发展壮大的时候，因此，对他们进行相应的网络道德教育是时代的迫切要求。现阶段的高校德育工作应该把网络道德作为一门新的课程纳入高校的道德教育体系。各级教育部门以及社会各界，都要对网络道德建设做出自己的努力，只有这样才能在短时间内建立和完善起网络道德教育体系，使我们的网络道德教育走向完善。此外，还必须借鉴发达国家的教育经验，毕竟发达国家在这一方面比我们起步早，同时经验和教训都比我们丰富。网络的全球化使得网络道德也具有很大的普遍性和一致性，因此在这方面借鉴国外的经验是必要的，也是合理的。

国家的道德教育风貌，是一个国家道德教育必不可少的一部分。现阶段我国大学生的网络道德教育还处于起步阶段，刚刚开始有这方面的理论导向，我们应该发动全社会的力量，尽快完善起网络道德教育体系，作为网络的重要应用者，高校对网络道德教育建设有着义不容辞的责任。

（四）"学会做人"的教育应贯穿道德教育的始终

"学会做人"应该是道德教育的基本要求，道德教育首先就是要教会学生如何做人，做一个什么样的人。但这一要求又是道德教育的最高要求，如何做一个人，做一个什么样的人，这是一个人一生要不断思考和践行的事，甚至也是整个道德教育要不断追问和实践的事。学会做人，说起来简单，实际上却包含着大智慧、大学问。我们的整个道德教育都是在不断地探索怎样教会学生做人。学会做人的教育应该是教育的根本和道德教育的归宿。

第六章 高校德育队伍建设的模式与机制

第一节 高校德育队伍的内涵与功能

高校德育队伍是实施德育的主体，是对大学生进行德育教育，实现德育目标的组织保证。研究高校德育队伍的建设规律，把握这支队伍的结构、功能和培养、选拔、管理的组织措施，是关系到高校德育目标、内容、过程、评估等要素能否合理运行，取得成效的重大问题。

一、高校德育队伍的内涵

德育队伍是高校德育系统工程中发挥主导作用的要素，是根据高等教育培养目标和中国特色社会主义事业发展的客观要求，对德育对象进行系统的马克思主义理论和思想政治教育，培养他们成为具有正确的政治观、世界观、人生观、价值观及良好的道德品质和法纪意识的人。高校德育工作的质量不仅取决于高校德育工作者的个人素质，而且取决于德育队伍的整体状况。德育是教育大系统的有机组成部分，在教育实践中，德育、智育、体育、美育、劳动技术教育及心育是相互渗透不可分割的有机整体。所以，每位教育工作者都是当然的德育工作者。只有全体教师都具有明确的德育责任、德育意识，才可能在德育系统不断开放的进程中成为学生品德形成的主导力量，否则就有失去学校德育阵地的危险。本书认为，德育队伍应该是一个扩大意义上的概念，就高校具体而言，应该包括专职德育工作者队伍、德育理论研究及课程教学队伍以及兼职德育工作者队伍。

（一）专职德育工作者队伍

专职德育工作者队伍是高校德育的主要力量，是德育工作的骨干和核心，指那些专门负责领导、组织和实施学生德育工作的党、政、工、团各级组织和各部门工作的人员，这支队伍通称政工干部和学生辅导员，他们都是以德育为自己的主业。具体包括学校党委分管德育工作的副书记，学校分管德育工作的副校长，学工部、宣传部、团委及各个分管德育工作的院（系）党委（总支）副书记、副主任以及专职团干部、辅导员、班主任等。专职德育工作者队伍是学校德育总体规划的设计者和实施者，他们的主要作用是贯彻党的教育方针和密切联系学生思想的实际，制订德育计划，直接从事德育工作并组织兼职德育人员和其他教育者，采用灵活多样的形式和方法，调动受教育者的积极性，认真、有效地实施德育计划，实现德育工作的各项具体目标。

（二）德育理论研究及课程教学队伍

德育理论研究及课程教学队伍主要是指那些专门从事思想政治理论课教学和研究的教师。这支队伍通称高校"两课"教师，他们政治上坚定可靠，具有深厚的马克思主义基本理论修养，具有扎实的思想政治教育理论基础，具有较高的科研能力和组织教学、教育活动的能力。他们同时担负着直接用马列主义、毛泽东思想、邓小平理论和"三个代表"重要思想以及科学发展观武装青年学生头脑，帮助学生学会运用马克思主义的立场、观点、方法观察问题、分析问题和解决问题的任务。此外，他们还通过教学研究，帮助学生掌握科学的思想品德修养方法，不断提高辨别是非的能力和抵制西方消极不良思想侵袭的能力，从而坚定青年学生对马克思主义的信仰、对中国特色社会主义的信念、对党和政府的信任以及对中华民族伟大复兴的信心。另外，"两课"教师还负有加强德育科学研究、丰富发展德育科学理论的重任，为德育系统提供科学的理论依据，指导德育工作的实践活动，并兼有帮助德育专职工作者提高理论水平的任务。

（三）兼职德育工作者队伍

兼职德育工作者队伍是指专职德育队伍以外的其他力量，主要包括除专职德育队伍以外的教育工作者、德育理论及课程教学以外的其他学科教师等。在行政系统中从事管理工作的人员，在教室、实验室、图书馆等岗位上直接从事与教育教学活动相关的辅助人员，以及在资产管理、后勤医疗服务等岗位上的其他专业技术人员，他们都是学校实施德育的广泛的、重要的力量。各学科的任课教师具有人数多、分布广，文化课知识、专业理论知识和技能娴熟，随时可结合本学科教学渗透德育的优势，他们同样发挥着潜移默化的德育作用，体现了全方位落实"教书育人""管理育人""服务育人"的良好理念。同时，社会力量也是学校德育队伍的有效补充。充分发挥社会力量的作用，可以使学校德育融入学校、家庭、社会的大德育体系中，实现德育的整体化、系统化、社会化，可以增加学生社会实践的机会并提高德育质量。

在三支队伍中，专职德育工作者队伍具有协调、调动、安排其他德育队伍和其他力量的作用。只有将上述三支德育队伍紧密结合，才能更好地发挥德育队伍的整体功能，从而实现全员育人。

二、高校德育队伍的功能

（一）教育引导功能

教育引导功能是指高校德育队伍通过制定德育政策、制度及教学管理、纪律制度考核和奖惩措施等手段，因势利导，有领导、有计划、有步骤地对德育对象开展马克思主义中国化最新成果和社会主义核心价值观"进课堂、进教材、进头脑"的系统教育的功能。教育引导功能是高校德育队伍的核心功能。坚持教育引导功能，要紧紧围绕立德树人根本任务，以培养学生良好的思想素质和道德品质为中心，通过功能的发挥，努力使学生既能掌握马克思主义基本理论，又能以马克思主义理论为指导解决实际问题。新形势下，高校德育队伍要充分发挥教育引导功能，必须注重方式方法的创新，努力改变单纯说教的传统模式，不仅要告诉学生"是什么"，而且还要指导学生懂得"为什么"，帮助学生学会"怎么做"，着力启发自我、自觉，引导实践，从"授人以鱼"的传统教育引导功能向"授人以渔"的新型教育引导功能方向拓展。为此，当代高校德育工作者不能仅满足于进行理论灌输和教育活动，而要进一步加强对青年学生思维观念、思考方法的引导。具体来说，德育工作者既要着重研究高校德育与国内外社会环境、社会发展及高校师生的思想品德素质要求的适应性，又要着重研究德育教育的群体与个体关系；既坚持宏观上对整个被教育群体的教育引导，又重视对不同个体的个别指导或辅导。总之，高校德育队伍教育功能向引导、辅导方向拓展，走出传统的封闭、狭窄的"说教"天地，广泛吸取系统方法、控制方法、目标方法、信息方法等适应新形势需要的科学技术理论和方法论，具有十分重要的现实意义和长远意义。此外，高校德育教育还要善于借鉴相关学科的理论知识，如教育学、心理学、伦理学、社会学、政治学等，运用一切有利于德育教育的现代教育工具和理论模式，形成德育教育发展综合化的认识论，将德育的教育引导功能进一步拓宽、拓深。

（二）管理服务功能

管理服务功能是指高校德育队伍运用德育教育的特殊手段，通过德育工作的特定渠道和方法，对德育对象在重大是非原则问题上进行教育疏导，对他们的健康成长给予关心，并给他们的工作、学习和生活排忧解难的功能。管理服务功能是高校德育队伍的基本功能。应当说，改革开放以来，高校德育队伍在为师生的工作、学习、生活等方面做了大量服务工作，尤其在为学生成长、成才方面做出了巨大贡献。但在新形势下，高校德育队伍的管理服务功能还须进一步拓展。这是因为：首先，科学发展观要求德育教育的内容、任务，应当更多地以服务形式和载体来实施，在实施服务的过程中有效地渗透德育内容。其次，高校在办学机制方面的不断改革，使得学校将越来越多地赋予学生在专业学习上的选择权、自主权。特别是全国高校普遍实行学分制后，学生在校内可跨班、跨年级、跨系选修课程，有些相关学校甚至允许学生相互跨校选修。传统的班级管理、教育模式开始弱化，学校的教学管理和学生的需求愿望出现了前所未有的新情况，这些都迫切要求高校德育工作必须贴近社会经济发展对人才培养的要求和学生的成才愿望。最后，立德树人的根本任务要求高校德育工作应当突出为培养合格人才服务。为此，高校德育工作者应当进一步强化服务意识，拓宽服务领域，对学生的服务不能仅停留在一般的释疑解惑和简单的排忧解难层次上，要在深化高等教育综合改革的新形势下，进一步完善服务手段，构建促进学生健康成才的服务体系。

要根据新时期青年学生的身心特点，热情指导他们如何正确认识自己、正确对待他人，学会集体生活，正确处理好各种人际关系。在重视对青年学生进行思想政治素质、科学文化素质、道德品质素质、能力素质等教育训练的同时，也重视对他们进行心理健康教育。在德育理论和德育实践的过程中要多融入教育学、心理学、社会学、伦理学等方面的知识和实践，突出心理疏导在德育方面的重要地位，更好地为培养学生健康的人格和健康的心理服务。要借鉴国外大学在心理健康教育方面的好的做法，如设立"学生辅导中心""学生成长中心"或"学生顾问"等,并更多地使用教育学、心理学、伦理学、社会学等方面的专家对学生进行学习指导、心理疏导以及日常生活、社会生活和人际关系方面的辅导。

(三)实践育人功能

实践育人功能是指高校德育队伍把实践作为德育的有效载体和检验评估德育绩效的标尺,通过划出一定比例的教学时间,在教育教学过程中组织德育对象开展社会考察、调研,参与各种社会实践,使他们在实践中成长成才的功能。实践育人功能也是高校德育队伍的一项重要功能。近年来,高校德育队伍越来越重视德育实践活动的组织和指导,在人力、财力、物力上都加大了投入。但是,总体来看,高校德育队伍的这种实践功能,与新形势下高校深化综合改革的要求,与改革中人们思想认识、价值观念变化和成才需求相比,还需进一步拓展和扩大。为此,要从充分尊重师生的自主、自立精神,热情支持师生的交往、参与意识,切实关心师生的自身发展和成才需要等方面,拓展德育队伍的实践功能。首先,要有组织、有计划地开展拓宽知识视野,提高实用技能的课外讲座或系列培训活动,提高师生,特别是广大青年学生服务社会的能力;其次,要建立和完善大学生社会实践活动的组织运行与服务机制,努力使社会实践活动适应社会发展的新形势和新要求,指导学生在各种实践中获得自我发展的能力;最后,与社会各级政府、部门建立广泛联系,以"共建""联办"等多种形式,跨院校、跨地区建立社会实践基地,努力探索社会实践活动的日常化、项目化和阵地化,更好地发挥高校德育队伍的实践育人功能。

第二节 高校德育队伍的素质分析

一、高校德育队伍的素质要求

(一)坚定的政治素质

我国高校德育既是人才培养的重要组成部分,又是实现党的总任务、总目标的重要实践活动,具有强烈的政治性和党性。因此,对高校德育工作者来说,坚定正确的思想信念和政治方向是首先应当具备的素质。思想信念是人们对某种思想、主张的极度信服和对某种社会理想的坚定追求。它决定着一个人思想行为的政治方向，德育工作者只有树立崇高的政治信仰，即崇高的共产主义信仰，才能一方面产生自身强大的内驱力，以坚忍的意志从事伟大的事业；另一方面又以坚定的信念向教育对象灌输马克思主义和中国特色社会主义科学理论，并以坚定的信念感染教育对象，与教育对象一起，产生思想共鸣，增强德育效果。德育工作者不仅要有坚定的政治信念，而且要有正确的政治立场，还要有正确的观点，要提高认识能力，提高政治上分辨是非的能力、政治敏锐性以及善于从实际出发正确处理各种政治问题的能力等，使自己的主观认识符合客观实际；思想和言行要坚持对党负责和对祖国、对人民群众负责的一致性；要追求并坚持真理，坚持原则，实事求是；要公而忘私，襟怀坦白，光明磊落，言行一致，表里如一；德育工作者要树立辩证唯物主义和历史唯物主义世界观，以及正确的人生观、价值观，不断进取、勇于创新；要正确对待挫折和困难，塑造社会主义理想人格，并具有较强的事业心、使命感，热爱德育事业；德育工作者要坚持实事求是的作风、民主的作风、批评与自我批评的作风。

（二）良好的道德素质

德育的主要任务和目的就是提高人民群众道德认知和道德行为的能力。教育者在德育过程中，在与社会成员互动过程中，扮演着特定的社会道德角色。人们对其在不同社会情境中的道德言论和行为都有公认的期望，这些规范性期望表明了哪些行为是道德上允许的，哪些是不允许的，哪些行为在特定场合是适宜的，哪些是不适宜的。如果与期望标准不一致，就会受到一定的社会压力，社会成员和角色伙伴会感到迷惑不解，或大失所望。同时，教育者作为主体性的人有自己个人的道德世界和道德理想，他们不是一个教育传输机器。对教育者实施道德教育的任何要求都必须经过其主体的过滤、加工甚至改造，才能变成一种道德输出，转化为对学生的德育影响。因此，不能由于考虑社会角色要求的客观性，而忽视教育者主体性因素，以角色所体现的职业品质掩盖或替代教育者人格所决定的个性品质。对高校德育工作来说，一方面要培养大学生成长过程中必须具备的良好的道德品质和行为习惯；另一方面又要按照我国社会主义现代化事业接班人的要求培养他们具有高尚的社会主义、共产主义道德品质。因此，对高校德育工作者来说，要培养大学生的社会主义、共产主义道德品质，自身就必须有科学的道德认知，按照社会主义、共产主义的道德要求和规范提高自己的道德境界和道德修养，才能在德育实践活动中生动体现社会主义、共产主义的道德理想；要培养大学生成长中必备的良好的道德品质，自身就必须拥有优秀的道德品质和人格魅力，是社会基本道德规范、社会主义核心价值观的倡导者和践行者。

（三）精湛的业务素质

业务素质指高校德育工作者需具备德育的各种实际工作能力。德育队伍工作的实际表明，德育队伍的业务素质主要包括组织管理能力、分析研究能力、宣传表达能力、道德移情能力等。组织管理能力是德育队伍首先要具备的业务素质。德育是社会性的教育活动，同时它的教育对象又是以群体或个体形式出现的人，德育队伍在教育过程中，既要组织各种教育力量以发挥教育合力的作用，又要独立主持各种教育活动；既要深入细致进行个别教育，又要善于发现和培养骨干，并通过他们团结和带领群众；既要善于发动和组织德育活动，又要善于协调德育各部门之间、德育部门与其他部门之间、德育工作与其他工作之间等的关系，德育队伍只有具备较强的组织管理能力，才能有序、有效地开展德育工作。其次，分析研究能力也是高校德育队伍必须具备的能力，这一能力在现时代显得更为重要。高校德育工作者要善于运用马克思主义基本理论，尤其马克思主义认识论和方法论解决德育实际问题，并在实践中不断丰富和发展德育理论；要在通过调查研究掌握大量事实材料的基础上，认识和研究人们的思想及德育的内在联系和规律；要能够在分析研究的基础上，综合各种情况进行正确判断和做出科学决定。只有具备了一定的分析研究能力，德育队伍才能依据形势变化和客观情况科学制定德育目标，正确选择德育方法，合理设计德育活动。再次，德育工作者还必须具备较好的宣传表达能力，这是高校德育队伍应当具备的基本能力。德育过程在一定形式上是德育工作者言传身教的过程，德育工作者要将基本的社会道德规范、共产主义的理想信念、党的理论和路线、方针、政策通过文字、语言、形象等表达出来，并通过课堂教学主渠道以及广播稿、黑板报、橱窗、报纸杂志和网络、手机等大众传播媒介进行传播和宣传，才能使受教育者得到感染、影响直至接受。当代大学生对于马克思主义、对于党的历史、理论、实践已经越来越陌生，距离也越来越远，"信仰危机"是他们道德失落的重要表现。党的十八大以来，习近平总书记强调要牢牢掌握意识形态工作领导权和话语权，不断巩固马克思主义在意识形态的指导地位，巩固全党全国人民团结奋斗的共同思想基础。这对高校德育队伍的宣传表达能力提出了新的要求。最后，高校德育工作者还应当具备道德移情能力，即理解、分享他人或群体情感的能力。罗杰斯认为，要使学生产生有人格的建设性变化的有意义的学习，教师就要如实地接纳学生，并理解学生的感情。教育者之间的移情换位对彼此团结协作、加强教育合力、提高德育效率是十分重要的因素，对群体的移情和换位有助于及时调控班级道德气氛，获得德育信息，对道德舆论导向、群体心理健康也会起到积极作用。因此，移情换位能力是高校德育队伍能力的重要体现。

（四）扎实的知识素质

高校德育队伍也是思想政治教育队伍。高校思想政治教育是一门综合性、实践性很强的应用性学科，其工作对象是具有一定科学文化知识素养的人。因此，每一个思想政治教育工作者都必须具有扎实的理论基础和宽广的知识面。首先，高校德育工作者要熟练掌握思想政治教育的专业知识。思想政治教育理论课仍然是高校德育的"主渠道"，但它是一种融政治性、思想性、理论性、知识性、实践性和修养性为一体的综合课程，涉及的内容十分广泛，而且有一定的理论深度、广度和高度，是理论性和综合性较强的课程。因此要讲活、讲透该课程，除了必须以教材内容要求为主线索，弄通、弄熟各环节内容外，还必须广涉知识面，通过"言传身教"最终使教材内容体系转化为学生的认识和信仰体系。在具体教学中，应多联系现实中的生动事例，力求讲得生动、透彻，不能照本宣科。否则就会出现教与学脱节的现象，从而达不到教育的目的，甚或出现言者谆谆、听者昏昏，你讲你的、我干我的之类的现象。其次，高校德育工作者要具有广博的各学科知识。尽管个人精力和能力所限，不可能对社会科学和自然科学知识都掌握得精深，但要努力建立合理的知识结构，在掌握思想政治理论课扎实的、丰富的专业知识基础上，学习与之相关的、能提高学生学习兴趣，对教育起辅助作用的文学、历史、哲学、法律、艺术、社会等人文科学知识，帮助学生树立正确的世界观、人生观、价值观。只有具备了丰富的知识，才能旁征博引，以理服人，更好地达到教育学生的目的。最后，高校德育工作者要了解高校教育性质、特点，帮助学生树立自信心。随着我国高等教育从精英教育向大众化教育的方向发展，但原有的教育体制和教育方式下的高等教育却一直受精英教育的影响，许多高校教师感叹大学生一代不如一代。德育工作者应利用自己所知，正面引导，帮助学生树立自信。这种引导，不是盲目吹嘘，而应实事求是地鼓励他们树立自信，认识自己将要承担的社会责任和义务，把自己的命运和祖国、民族的命运联系起来，树立主人翁意识，以天下为己任，明确学习目的，既不妄自尊大，又不妄自菲薄。实践证明，这种方式能起到很好的效果。

（五）过硬的心理素质

德育的对象是人，必然涉及人的心理活动，这就决定了德育工作者不仅要了解教育对象的心理特征，还要保持自身健康的心理状态和过硬的心理素质。高等教育的发展在当代呈现出社会化、国际化、立体化和多元化的特征。这些特征一方面使学校德育过程的随机性、偶然性和无序性增强，也使德育工作更加复杂，德育任务更加繁重；另一方面也使得社会在思想文化领域出现科学与价值冲突、历史与伦理背离的复杂局面，同时也使得现代生活方式日益呈现高速度、快节奏等特点。这些新情况、新挑战给德育工作增加了难度、强度和分量，也对教育者心理承受力提出了更高的要求。教育者积极乐观的心理状态，有利于师生心理、生理状况的健康发展。同时，健康良好的心理素质对于预防和克服教师心理挫折有积极的防御作用，可以提高他们的承受力、忍耐力，维持心理平衡，自尊、自爱、自信、自强，提高适应能力和工作效率。为此，高校德育工作者一方面要深刻认识自己所肩负的历史重任，具有强烈的事业心和进取心，对德育工作保持高度的热情和自信，这样才能在实际工作中产生承受挫折、克服困难的良好心态，面对成功与失败，顺境与逆境，都能沉着稳定，控制好情绪；另一方面，要始终保持良好的心境，注重培养自身具有开放性、稳重而富有吸引力的性格特征，工作中一丝不苟，踏实认真，为人处世健康开朗，诚实友善，积极乐观。

二、高校德育队伍的培养与提高机制

（一）建立严格的选拔、招聘机制

要建设一支专兼结合、素质优良、业务精湛的德育队伍，必须把好"入口关"，建立科学有效的选拔制度，把较高素质的人选拔出来，防止低素质者的进入。建立健全选拔、招聘机制是高校德育队伍建设的前提和基础。

建立健全选拔、招聘机制，重点是制定正确的选人标准。首先，选拔的对象要有过硬的政治素质。德育工作者只有讲政治，才能保证把党的基本理论、基本路线、基本方针和各项政策贯彻到实际工作中去，从而防止和排除各种错误思想、错误倾向的干扰，使高校德育朝着正确的方向发展。其次，选拔的对象要有知识、有才干。高校德育的主要对象是有一定文化知识的大学生，能否将他们培养成为未来社会主义现代化建设事业的接班人，与德育工作者的知识结构和能力水平密不可分。德育工作者应当具备的知识包括专业文化知识，马克思主义与思想政治教育的理论知识，以及对提高学生全面素质有益的各种知识。当然，选拔的对象还要具备传播知识，实施德育活动，促进成长的能力，以有效发挥其作为德育主体地位的作用。当下，科学技术日新月异，信息技术迅猛发展，选拔对象还应具有创新精神和敏锐的思维能力，以面对复杂的内外环境，适应新形势、新情况、新任务。最后，选拔的对象要有从事德育工作所特有的个性特征和人格魅力，如爱岗敬业、无私奉献、富有激情、充满活力等。因为德育工作与其他教学管理工作不完全一样，后者重于"教"与"管"，而德育更重"育"；后者主体与客体之分明显，且难以相互转化，而德育的主客体在一定条件下可以相互转化，而且主体的素质涵养和言行举止本身就对客体有着潜移默化的影响，所谓"言传身教"。

建立健全选拔、招聘机制，要制定并坚持正确的原则，使用科学合理的方法。正确的原则如自荐与推荐相结合的原则、双向选择的原则、公开择优选拔的原则等；合理的方法如任命、推荐、招聘、考核等。只有坚持正确的原则并使用合理的方法，才能取得最佳的选拔、招聘结果。

建立健全选拔、招聘机制，在当今尤其要努力实现社会化、公开化的公平竞争，从长远看还要尝试实施政工师上岗许可制度。现在律师、会计师，包括一般教师等都已建立了严格的选择制度，持证上岗，德育工作者的上岗和资格确认也应逐步向这方面过渡，实施政工师上岗许可制度，从而把严"入口关"。

(二) 建立科学的管理机制

加强内部管理是德育队伍建设的关键。首先，要根据社会发展的具体要求，建立一套行之有效的约束管理制度，对德育队伍的素质、职责、待遇、奖惩以及招聘、培训、转岗、提拔等做出明文规定，并通过制度建设，达到优化队伍组合，加强队伍建设的目的。新形势下，尤其要建立相对稳定和合理流动的制度，既要保持队伍的相对稳定，以便积累经验，提高整体素质和工作水平，又要看到队伍的正常流动是必要的，也是优化队伍结构的需要，两者不可偏废，关键是要制定制度，明确要求，区别情况，严格把关，妥善解决。

其次，要完善激励机制，调动队伍的积极性，增强队伍的活力和生机。从辩证唯物主义的观点来看，客观事物的发展总是不平衡的，我们的事业正是在先进与落后、积极与消极、光明与阴暗的矛盾运动中不断发展和前进的。因此，我们在奖励先进时，还必须鞭策后进，批评消极和阴暗面，切实把奖惩很好地结合起来。西方管理学和心理学中的需要层次理论、成就需要理论等，从不同的角度强调满足人的需要对于激励所起的重要作用。德育工作者在做学生的思想政治工作时要处理好物质鼓励与精神鼓励的关系，而对德育工作者本人的激励也要采取唯物主义的态度，建立物质鼓励与精神鼓励相结合的激励机制，使在思想政治工作中做出突出成绩的先进集体和先进个人获得应有的奖励，享受应当享受的待遇。在如今时代更要从思想上激励德育队伍，注意提高他们的思想理论水平。同时从生活上激励德育队伍，帮助德育工作者解决生活当中存在的实际困难，为他们排忧解难，使他们安下心来，积极努力地把工作做好。当然，在正面激励的同时还要建立健全惩戒和约束机制，对不认真履行工作职责，甚至工作失职，造成严重后果的德育工作者，要追究其责任。只有做到奖惩分明，才能够更好地发挥良好的导向作用，极大地调动广大德育工作者的积极性、创造性，为德育工作做出努力，干出实绩。

最后，要建立科学的考核、评估体系。没有考核就没有管理。建立科学的考核评估体系也是德育队伍培养、提高的重要环节。建立考核制度，一是要坚持一切从实际出发，根据本地区、本部门、本单位的实际情况制定符合实际的考核制度，要有针对性，有的放矢，对症下药，不能"一刀切"，反对脱离实际的主观主义与形式主义的种种做法。二是要做到定量与定性相结合。德育考核和评估工作是对德育活动开展情况、完成质量做出定性的结论和定量的估计评价。它必须是兼具科学性与严肃性的工作。在实际工作中，对德育工作效果的考核评估难度较大、较复杂。因此，德育考核、评估工作要科学化、规范化和制度化，坚持定性分析与定量分析的结合，这是推进德育工作发展的客观要求。三是要注重"四个结合"，即素质考核与业绩考核相结合。既注重对德育工作者政治态度、思想作风、知识水平、工作能力及事业心、责任心的考核，又注重他们的工作实绩，从"德、能、勤、绩"四个方面进行全面考核；组织考核与群众考核相结合。既要发挥职能部门的作用，由相关部门按一定的组织程序考核，又要组织群众进行民主评议，以保证考核的客观性；年终考核与平时考核相结合。既要一年一度集中考核，又要结合平时工作开展经常性的检查和督促，使考核经常化、制度化；考核与奖惩、任用及职称评聘相结合。考核的过程和结果要达到激励的目的，促进德育工作者总结经验、发现问题、不断提高。

（三）建立完善的培养、教育机制

建设一支优秀的德育队伍，不仅要做好选拔、管理工作，更要注重建立完善的培养、教育机制。首先，要科学制定培养目标和计划。德育队伍的培养与教育本身就是一个系统工程，必须以科学的目标为指导，才能明确工作方向。培养与教育目标的制定既要着眼于德育队伍素质现状及现阶段乃至未来相当长时间所承担的任务，又要考虑实现目标的现实条件，如物质条件、精神条件等，还要考虑实现目标的社会环境。当前，德育队伍培养与教育的总体目标应该是：通过培养与教育，使德育工作者成为具有坚定的马克思主义信仰，中国特色社会主义道路自信、理论自信、制度自信以及社会主义核心价值观的引导者、践行者；成为党的基本理论知识及科学文化知识的传播者；成为科学把握教育规律，促进工作对象身心发展的教育者。培养计划是培养目标的具体化，包括培养的时间、步骤、人员、内容、组织机构等。培养与教育要严格按照计划有序、有效地开展，计划实施过程中要经常检查计划执行情况，及时发现问题，根据变化的情况做适当调节，使计划更完善。计划实施后要总结经验教训，为下一次培养工作目标的制定提供依据，使今后的培养与教育工作开展得更好。

其次，课程设置和教育内容要规范化。针对思想政治教育专业的培养目标、特点和要求，思想政治教育应当设置思想教育、政治教育、道德教育、法纪教育等四大类内容。广义的思想教育指关于政治、法律、道德、哲学等方面的思想观念的教育，狭义的思想教育指世界观、人生观、价值观教育；政治教育主要包括马克思主义理论和党的基本路线、方针、政策教育及形势政策教育、爱国主义教育等；道德教育在现阶段主要指公民基本道德教育、社会主义核心价值观教育、职业道德教育、家庭美德教育等；法纪教育一般指社会主义民主教育、社会主义法制与法治教育、纪律教育等。思想政治教育这四个方面的内容应当是相互联系、相互渗透和相辅相成的。其中，思想教育是整个思想政治教育的关键，制约和影响着教育对象的政治态度、道德观念和法纪意识，关系到他们观察、分析和处理问题的根本出发点和态度；政治教育是整个思想政治教育的核心，始终把坚定正确的政治方向放在人才培养的首位，是我们党和政府历来十分重视和强调的，政治教育对人的道德观、法纪观等同样起着很重要的制约作用；道德与法纪教育是思想政治教育的根本，思想政治教育的根本目的也就是把教育对象培养成为具有良好道德品质及道德修养的，遵纪守法的社会主义事业合格建设者和接班人。

最后，培养路径和教育方法要丰富化、实效化。建立健全完善的培养教育机制，必须拓宽培养路径，建立形式多样、行之有效的教育方法。培养路径上既要重视岗前培训，又要重视上岗后的短期培训和阶段培训，更要建立长期的学习制度；既要整体培养，又要有计划地选送素质全面、能力水平高、有培养前途、可担重任的人员参加更高层次的培训、深造和锻炼。教育方法上要注重理论学习和实践锻炼相结合，既引导、组织德育工作者以马克思主义为指导，紧密结合现阶段工作实际，通过调查研究、交流经验总结、举行专题研讨等各种形式，积极开展思想政治教育理论研究，又引导、组织他们深入实践，在实践中不断学习、大胆探索、积累经验、增长才干。此外，还要建立自我教育制度，使德育工作者自觉学习马克思主义和中国特色社会主义理论，自觉接受积极影响，克服消极影响，从而提高自身的思想道德素质。在教育过程中，自我反省、自我修养也是重要的方法，建立自我教育制度就是要把自我反省、自我修养的方法制度化，靠制度的力量保证自我教育效果的实现。

第三节 高校德育队伍的科学化探索

一、建设职业化、专家化的德育队伍

（一）德育队伍职业化、专家化建设的内涵

德育队伍是整个教育过程中最活跃、最重要的因素之一。他们兼具教

学和育人的双重职能，不仅担负思想品德教育的重任，而且还兼具传授知识、发展智力的任务。德育队伍在高校人才培养中的突出地位不言而喻，但实际上其地位和影响力始终次于教学科研人员，建设的力度更远不及之。这是长期以来教学科研在高校的"本位化"思想及德育队伍非职业化的实际所造成的，也是高校德育队伍不稳定的重要因素。高校德育队伍的职业化，就是要赋予高校德育工作者专业的地位，提供专业的教育，实施专业的管理，使之成为可终身从事的工作；社会科学研究现代化的客观现实，要求德育研究的现代化。现代德育研究不只是少数专家学者所特有的工作，而是德育理论工作者和德育实际工作者的共同事业，做"研究型"或"专家型"的德育工作者，是现代社会发展对德育工作者提出的新要求。高校德育队伍的专家化，就是要引导德育工作者站在时代前沿，伴随社会全方位的现代化、社会转型以及价值观念的更新，结合自己的具体工作开展研究，将工作过程视为研究过程，把工作对象作为研究对象，以新的广阔视野，观察、审视现代德育的目标、任务、内容和方法，研究现代德育中重大的理论和实际问题，成为高校德育理论工作和实践工作的某方面或多方面的专家。

加强高校德育队伍的职业化、专家化建设，是时代发展的客观要求，也是当前学生思想政治状况的现实需要。世界政治多极化、经济全球化、信息网络化、知识海量化等社会变化对当代大学生思想观念和价值观念产生巨大影响，我国改革开放和社会主义市场经济的发展又使得西方资产阶级意识形态和思想文化对大学生的侵入和渗透更直接、更快速、更广泛。同时，经济快速发展所带来的日益突出的社会矛盾及高等教育大众化给大学生造成的就业压力等因素也严重困扰并影响、制约着他们的身心发展。这些新情况、新问题、新特点对高校德育队伍的素质提出了更新、更高的要求。因此，建设一支职业化、专家化的德育队伍是大势所趋。

加强高校德育队伍的职业化、专家化建设，也是当前贯彻落实党的十八届三中全会精神，全面深化高等教育综合改革的重要内容。高校德育内容涉及大学生思想道德、学习、身心、生活发展等多个专业领域，涵盖教育、管理、服务等各类活动过程，是大学育人的重要环节。这就要求德育工作者具备思想政治教育、马克思主义理论、心理学、教育学、管理学等专门的知识和技能，以及不断地研究和探索的能力。对高校德育工作者的这些特殊要求，决定了它具有不可替代的专业特征。长期以来，我国高校德育队伍存在着结构比较复杂、流动性过大、专业化程度低等问题。相当部分的德育工作者，目前仍是把从事德育工作和学生管理工作作为一个阶段性岗位，而不是将其作为终身的职业。他们或是不愿放弃自己本身的专业，在从事德育工作的同时，还一心想转到自己本身的专业上去，抱着兼职的态度在从事德育工作；或是把这一工作当作从事其他管理工作的跳板，巴望能被提拔重用。因此，他们往往"身在曹营心在汉"，没有人静下心来研究德育工作，加之很多高校现在还没有足够重视思想政治专业，对德育工作人员的职称评审等涉及切身利益的政策倾斜不到位，导致高校德育队伍普遍存在学术水平、研究能力不高，专职化、专业化水平较低等弊端，极为缺乏高校德育方面的专家。只有进一步更新理念，改革现有的德育队伍管理模式，明确高校德育工作者的职业化方向，才能增强这支队伍的社会认同感，从而激发他们的主体意识，发挥他们的主体作用。德育实践是科学性、艺术性、创造性很强的工作，有其自身的特点和规律，而目前高校德育工作者仅少数来自思想政治教育专业，大多数是高校各专业直接留校或者从外校招聘的应届毕业生，其中多数专业的知识结构、管理水平等与思想政治教育专业相距甚远，从事思想政治教育工作的实际能力比较弱，加上参加工作后，这些人员疲于应付学生工作的日常事务，积累的是实际操作性的学生事务处理经验，而不能上升到理论研究水平，也根本谈不上能正确把握思想政治教育的特点和规律，他们的发展是趋向"经验型"的，而非"专家型"的。因此，建设"专家型"的德育队伍，使广大德育工作者能结合自己的工作，以专家的眼光和高度，研究并遵循德育的特点和规律，也是现代德育改革的关键。

（二）德育队伍职业化、专家化建设的途径

1. 更新理念，树立现代德育观

德育是社会大系统的一个要素，社会的现代化要求德育的现代化。高校德育自身的发展也越来越表明，应该从社会和人的现代化的视角来审视高校德育。因此，更新理念，树立现代德育观是高校德育队伍建设的前提和基础。树立现代德育观就是要强调德育在社会现代化过程中的推动作用和导向作用，这是现代德育与传统德育在社会功能性质上的差别，以往的德育功能侧重于政治方面，表现为通过社会政治意识的传播，制约人们的政治行为。

随着现代社会的发展，现代德育已经突破政治功能的局限，其经济功能已越来越被重视。在我国社会主义现代化建设过程中，现代德育一方面发挥着现代政治功能，推进民主政治建设，为社会主义精神文明建设服务；另一方面为经济建设服务，为建立和发展社会主义市场经济体制服务，由促进生产力提高、经济增长转向以保护生态平衡为前提的理性的经济增长，保护不可再生自然资源的科学化经济增长，努力提高人的生态文明素养，为社会、经济的可持续发展服务。这为高校德育队伍职业化、专家化建设提供了理论和实践依据。随着我国经济和社会的不断发展，人们的思想观念和道德准则正发生着巨大变化。高校培养的是社会主义事业的建设者和接班人，他们的思想道德状况如何，直接关系到社会主义现代化建设战略目标的实现。高校要切实坚持党的十八大提出的"立德树人"的理念和要求，从战略高度充分认识加强学生思想政治工作的重要性和必要性，狠抓德育队伍建设，改变长期以来只重视师资队伍建设，对德育队伍建设只有"号召"，没有"实招"的现状。建设职业化、专家化的德育队伍，就是要将德育队伍纳入师资队伍整体，立足长远，统筹规划，系统建设。

2. 科学规划，塑造职业型的德育队伍

德育是科学性、综合性强的活动，不仅需要一批业务、学识精湛的专家学者来研究理论、制定对策，还要有一批信念坚定的骨干来身体力行地完成具体工作。因此，高校应像规划师资队伍建设一样对德育队伍建设进行科学规划。首先，要鼓励德育工作者开展科学研究，提高理论水平。高校德育工作者需要在掌握教育学、心理学、管理学、政治学、公共关系学、法律学等多学科的专业知识的基础上开展科学研究，掌握必备的专业技术和综合技能，才能更好地解决工作中的各种问题，对学生遇到的情况的理解才能比其他人更深刻，对困扰学生的问题的了解才能比学生本人更加透彻，并且能够运用自己的专业技能、经验为学生提供正确的指导。这样才能赢得学生的信任，才能为学生所接受。同时，德育工作者要积极参与到思想政治理论课教学、科研和实践中去，在科研中积淀知识，提升德育理论和实际工作的水平，同时走实践与科研相结合、学习与工作相结合的道路，使德育工作朝着学科化、学术化的方向发展。德育工作的职业化、专业化必然要求德育队伍逐步向专家型发展，只有在思想政治教育相关领域进行深入思考并进行科学研究以后，德育工作者才能真正成为学生德育方面的专家。其次，要健全制度、鼓励竞争。

高校必须进一步完善德育工作者专业职称评聘办法，充分考虑到德育队伍工作实践性、事务性、工作多和任务重等工作特点和实际，建立一套行之有效的职称申报体系和评聘办法，不仅要将德育队伍的职称评聘单独作为一个系列纳入学校职称的评聘制度，更要有一些切实可行的倾斜措施。要进一步优化德育队伍结构，合理调配思想政治理论课专业教师、共青团干部、专职学生辅导员等人员的构成比例，鼓励和吸引其他专业课教师、管理人员、职工和学生干部等从事兼职德育工作，建设一支"专兼结合、功能互补、信念坚定、业务精湛的德育队伍"。最后，要不断提高德育工作者的有关待遇，适当提高高校德育工作者的岗位津贴，提高他们的物质生活待遇。如，为专兼职德育工作者发放业务学习补助、通信补助，奖励在学术研究领域取得良好成绩的德育工作者，等等。同时，学校还应该为有志于从事高校德育研究的职工提供一定的科研经费，向已经取得一定科研成果的职工给予一定的物质和精神奖励。

3. 专门培养，打造专家型的德育队伍

我国长期以来形成了比较强大而精干的德育工作队伍，但在计划经济向市场经济转型的过程中出现的重智育轻德育的"一手硬一手软"的状况当前仍不同程度存在着，造成部分教育工作者轻视德育工作，高校也忽视对德育工作者的培养和关心，德育工作队伍整体素质不高、适应不了新形势等问题。因此，有必要在全国范围内建立更多的德育队伍培训、研修基地，并在多数高校而不局限于一些重点高校或师范高校开设思想政治教育或者德育专业，从而为实现德育队伍的职业化和专家化提供基础保障。高校不仅要创造条件，通过脱产学习、在岗培训、选送进修等渠道，专门培养和打造一批德育专家、学者和教授，同时要切实将德育当作一门科学来研究，要建立德育学术群体和学术梯队，对德育进行专门的科学化研究。培养造就专家化德育队伍，不仅是现代德育的新要求，也是德育工作者避免因烦琐事务缠绕而工作层次、效率低，从而使自己从经验和事务性的工作中解放出来，充分发挥创造性，提高德育实效性的重要途径。当然，德育队伍职业化、专家化建设也离不开德育工作者自身的努力，这是决定事物发展规律的内因。德育工作者既要不断加强自身政治思想道德素质的修炼，在重大政治问题上立场坚定、旗帜鲜明，与党中央保持高度一致，坚决维护党和国家的利益及高校教学秩序稳定。同时又要注重并加强专业知识学习和学术研究，充分认识到德育工作的学术性、职业性，把德育工作当作一门学问去研究、去探索，把德育工作当成个人事业去发展，努力使自己成为德育专家。

二、建设社会化的德育队伍

（一）德育队伍社会化的内涵

揭示德育队伍社会化的内涵，必然先要深刻理解德育队伍社会化的现代意义和价值。传统的以经济、科技为主体的社会发展观所遵循的是一种社会—人—社会的逻辑。也就是首先要根据社会的需要来培养人，使受教育者能够适应现实的社会历史，德育的社会性的功能即由此而实现。在此过程中，作为社会的一方是主体、主动的，而受教育者的一方则完全是作为客体来对待的，德育的社会性功能的实现全部表现为被培养者对社会的适应上。随着人类社会的日益进步和日益现代化，社会也更趋人性化，当代新的社会发展观正是反映了这种社会人性化的趋势与理想。从这种以人为本的发展观出发，现代德育之价值，表现为德育的社会性功能是通过人与社会的相互作用，双向建构而实现的。德育的根本任务就是培养具有主体意识的人，培养能超越和改造现实社会的人。在现代社会中，德育通过这种人才的培养，它所发挥的社会功能是变革性而不是适应性的，它在社会发展中的先导性之底蕴也正在于此。由此可见，现代德育已经打破了时空的界限。从时间上看，德育从原来的学校教育为主走向了终身德育；从空间上看，德育从某个专有的区域与层面走向全社会。德育主体也不再限于高校中的德育工作者，而应该进一步扩大，吸收全体社会的力量共同承担，全社会形成育人合力，齐抓共管，建设一支社会化的高校德育队伍。

高校德育队伍的社会化是现代德育队伍建设不可避免的趋势，这是因为：一是现代社会经济关系的复杂性决定了大学生思想意识和价值观念的多元化，大学生的社会化状况也更加复杂，这就决定了德育必须紧密联系对象所处的社会经济关系，实现个体的社会化。二是个体社会化的趋势使得现代社会对大学生的思想与行为产生影响的因素增多，又因此决定了德育队伍的社会化趋势，例如，互联网的发展对人们思想意识产生的影响越来越大，高校德育队伍应该更加适应这种社会潮流，既成为现实社会的德育工作者，又成为虚拟社会的德育工作者。三是信息化的迅猛发展也要求德育队伍加快实现社会化的进程，以适应社会化程度不断提高的现代经济与社会发展的客观需求及教育对象的实际需要。

社会化的高校德育队伍是一个面向社会的开放式的体系，这一体系是多渠道多层次的，各自有明确分工，相互又紧密结合。建设社会化的高校德育队伍，就要在加强和发挥高校德育主体作用的同时，积极吸收和运用各种社会资源，建立一支高校、家庭、社会相互协作的社会德育工作队伍，形成德育工作者、专家学者和社会化教育机构的力量互相配合的全方位的德育格局，不断消除德育的"盲点"和"空白点"，提高德育的实效性。

（二）德育队伍社会化建设的途径

1.创新高校德育队伍的工作理念和方法

高校是社会的"晴雨表"，其本身也是社会的一个缩影，同时，作为人才培养的摇篮，高校通过日常教育活动为大学生营造相对稳定的道德文化氛围和精神环境，从而对大学生进行最系统、最全面、最集中的道德教育。作为高校德育的主体，高校德育工作者在学生德育工作中的主导地位不言而喻。因此德育队伍的社会化建设首先要求高校德育工作者要增强德育改革和开拓创新的使命感和紧迫感，树立德育系统工程思想，把德育看成全社会的共同任务，引导并集中全社会的力量形成多渠道、全方位、立体式的德育工作体系，从而有效实现德育目标。

首先，德育工作者要创新工作理念。现代社会，科学技术和信息技术的迅猛发展使得知识以前所未有的速度传播和扩展，并且更替的周期越来越短，传统的学校教育已经远远不能满足现代社会技术创新和知识更新的需要，因此必须用发展的眼光看待教育，变短期性、阶段性教育为长远性、终身性教育，与终身教育理念相适应，高校德育工作者应树立终身德育理念。此外，高校德育的主题是对学生进行思想政治教育和品德修养、心理健康教育，而人的思想政治素质、道德修养素质、心理素质等是一个由外化到内化的逐步形成的过程，这就决定了德育的过程即是教育对象在德育认知的基础上，不断吸收、实践、升华从而内化成相对稳定的素质的过程，这个过程毫无疑问是一个长远的、终身的过程，它不仅需要小学、中学、大学道德教育的相互衔接，而且还会贯穿德育主体的人生全过程。随着社会的变迁、时代的发展，新的德育问题会不断地出现，德育也会不断地为适应社会的需要而发展。因此，高校德育工作者应首先树立终身德育的工作理念，积极探索高校德育社会化的有效途径。

其次，德育工作者要更加注重理论与实践结合。在传统的以灌输为主的德育模式下，德育工作者把自身作为唯一的德育主体，在德育对象面前往往居高临下，以先知先觉者的身份出现，忽视德育对象的个性特点和实际需求。但是，在科技发展与社会变革日益加速的今天，由社会经济利益多元化而引发的社会价值取向与评价标准的多元化，使人的主体意识不断增强，教育对象的思想也变得更加活跃和复杂，而高效快捷的传媒又使人们能既快速又平等地占有信息。这就越来越要求德育不能只停留在简单的说教上，而更需要体现在社会生活的方方面面。因此，教育者与教育对象之间的双向互动以及高校德育主体系统与社会环境之间的相互作用将更为频繁，影响也更加深入。为此德育工作者必须更加注重理论与实践结合，从台上走到台下，从校园走向社会，从书本走向实践，在实践中不断丰富德育思想和德育内容、方法及途径。否则，德育工作就难以适应社会发展，德育工作者就会被时代所淘汰。

最后，德育工作者要创新工作方式、方法。实践是最好的方式、方法，德育方式、方法是否科学、合理、有效，也只有在实践中才能得到检验，因此德育工作者要更多地将德育教育向社会延伸，在校外建立德育基地，与工厂、企业和社区联合开展各种行之有效的德育实践活动，在实践中不断创新工作方式、方法，让广大青年学生回到现实的道德生活中去，在道德交往的实践中培养高尚的道德情操。

2. 重视家庭在德育队伍社会化建设中的重要作用

家庭教育不仅是每个人逐步成长、成才的起点教育，而且贯穿人的一生，每个人的个性、人格、德行，都会有家庭教育难以磨灭的烙印，因此家庭教育是奠定人的思想政治品德的基础，也是高校德育的社会基础，在高校德育中具有不可替代的地位和作用。近几年来，高等教育综合改革的力度不断加大，专业调整、学分制、就业指导与政策等都使得家庭与高校的距离拉近了许多。家长开始更多地关注学校教育并且希望能够参与到学校教育中来，这为高校德育工作带来了难得的机遇。

高校应加强与学生家长的沟通与联系,争取家庭对学校德育的参与、支持和配合。为此,一方面,德育工作者要提高认识,高度重视家庭在德育工作中的重要地位,努力寻找家庭教育与学校德育的最佳结合点;另一方面,学校要积极创造条件,逐步确立起学校与学生家长沟通联系的组织形式和工作机制,推动德育工作与家庭教育的协调与结合。要创造性开展"家长联谊会""家长见面日"以及开办家长学校,定期为家长举办系列讲座等活动;通过成立家长委员会,特邀家长参与学校教育与管理;通过互访交流、信函往来、电话通信等多种形式,建立一种家庭与学校定期联系制度,以充分发挥家庭作为社会细胞的基础性教育功能。

3. 发挥社会在德育队伍社会化建设中的引导作用

德育作为一项育人工程从一开始就应该是全社会的事业。高校德育队伍的社会化建设单靠家庭不行,光靠学校也不行。只有争取全社会的力量,借助于社会环境和社会教育,才能实现德育队伍社会化的建设目标。社会德育是家庭和学校德育的延伸和发展,因此,高校德育工作者要努力挖掘和利用社会德育资源,拓宽德育领域。当前,尤其要通过网络等各种现代化的传播手段对大学生的思想、政治、品德施加影响和作用,坚持以科学的理论武装人,以正确的舆论引导人,以高尚的精神塑造人,以优秀的作品鼓舞人,既抢占并优化网络市场环境,又不断净化社会大环境,控制社会舆论和文化市场,积极引导大学生追求高尚的道德情操,陶冶健康的审美情趣。高校德育工作者还要善于利用社会资源来配合和巩固校内的德育成果,使社会所倡导的行为习惯和思想观念内化为大学生深层次并且稳定的心性品质。

伴随着生产力水平的不断提高和社会文明的不断进步,社会化的进程不断加快,社会的育人功能日臻完善。邓小平同志在谈到教育问题时曾经强调,各级领导都要重视教育,各级地方政府都要支持教育,全社会都要关心教育。党的十八大也提出,鼓励引导社会力量兴办教育。因此,高校德育队伍必须动员全社会的力量,发挥社会在德育队伍社会化建设中的引导作用,构建德育系统工程。一方面,积极倡导全社会为青年学生营造健康的文化氛围和良好的社会环境;另一方面,努力为青年学生提供更多的了解社会的机会。例如,与社区建立联系,将社区教育纳入学校德育工作之中,这样社工作人员自然就成为学校德育队伍中的一员；建立教育基地，吸收德育基地工作人员到德育队伍中来；在全面依法治国的社会大背景下，将法律专业人员请进校园，通过法律讲座，增强大学生的法律观念；让大学生广泛接触社会，接触各个层面的英雄模范人物，树立多层次的学习榜样，帮助他们树立正确的人生观，让他们认识到社会需要各种各样的人才，从而坚定为祖国、为人民服务的志向。

总之，高校德育工作是一项需要与时俱进、不断创新的系统工程，需要各个子系统全面、协调、可持续发展。只有把学校教育同家庭教育、社会教育结合起来，把优化学校环境同优化社会大环境结合起来，形成育人合力，建设一支社会化的高校德育队伍，才能真正完成"立德树人"的根本任务。

三、建设信息化的德育队伍

（一）德育队伍信息化的内涵

随着信息技术的迅猛发展，网络文化、网络道德给青少年的思想和行为带来巨大的影响。高校德育队伍的信息化建设，是通过教育培训使德育工作者具备现代信息技术的运用能力，充分利用网络平台，开展网上德育课教学、网上交流、咨询答疑、就业指导等德育活动，使高校德育工作者的素质适应网络化社会的新要求。

现代信息技术给高校德育工作带来了新的机遇：一是充实了德育工作的内容。现代信息技术的超信息量特点和信息本身固有的本质，使教育内容变得丰富而全面，并且具有客观性和可选择性，只要德育工作者善于利用，就能够适应新形势，提高工作效率；二是德育工作方法更加多样化。现代信息技术的发展使德育工作的优势得到进一步发挥，德育的目标、任务、内容、要求等可以摆脱时间、空间的限制，迅速而广泛地传播，德育工作可以融入网络、多媒体、手机等的各种形式当中，增强了德育的感染力和影响力。同时，现代信息技术也给高校德育工作带来了新的挑战。这主要表现在：一是西方价值观念、意识形态的渗透更加便捷、快速、多元，对我国主流思想文化形成了巨大冲击，对我国大学生的马克思主义理想信念及世界观、人生观、价值观和民族认同感等造成更大威胁，也给德育工作的开展增加了很多困难，德育效果受到极大削弱。二是现代信息技术具有很强的虚拟性和隐蔽性，使得人们可以在网络上随心所欲地发表自己的观点，如在网上发布不文明或带有攻击性的语言等,由此可能造成高校学生思想的不稳定,导致了大学生道德失衡,并对社会造成危害。同时,有些大学生法律意识淡薄,网络违法活动增多,给国家、单位及个人带来了严重的后果。三是沉溺网络严重影响了大学生的学业和身心健康。沉溺网络具体表现为两种形式,一种是部分大学生沉浸到虚拟文化的网络空间中,不能实现其在现实社会和网络虚拟社会这两个不同的生活世界中的角色转换和行动协调,从而造成一种行动错位乃至心理失调的状况;另一种是许多大学生把大量的时间用在网上聊天和网络游戏上面,荒废了学业,也严重影响了身心健康。沉溺网络的这两种状况已经成为高校德育的最大"杀手",德育工作者必须高度警惕并采取有效的措施加以预防和制止。

目前,高校德育队伍信息化建设的道路还比较漫长,表现为:一是高校德育队伍对利用现代信息技术开展德育的意识还比较淡薄;二是相当一部分德育工作者还没有掌握一定的计算机网络知识和技能,对有关网络法规、网络道德知识和状况缺乏了解等。因此必须转变教育观念,树立正确的网络意识,在教育的方式、载体和手段上不断创新,建设信息化的德育队伍,唯此才能实现德育的现代化和科学化。

(二)德育队伍信息化建设的途径

1. 高校应为德育队伍创造信息化工作的各种条件

网络已渗透到社会的各个领域,也在改变着当代大学生学习、思维和生活的模式,影响着他们的政治态度、道德风貌和价值取向。面对网络的巨大影响,高校应该认清形势,创造各种条件抓紧落实德育进网络的工作,为德育队伍的信息化提供支持和保证。

第一,充分发挥主题网站的主导作用。主题网站建设必须主题鲜明,目的明确,坚持正确的导向,坚持全面性、广泛性、主动性和针对性原则,并不断创新内容和形式,增强吸引力和感染力。学校要密切关注并正确引导主题网站的建设,尤其要在网络文化建设中始终把握先进文化的主旋律。网络作为载体始终在有效地传播着各种各样的思想信息,网络文化既是网络思想工作的教育手段,也是网络思想教育的战斗武器。学校要努力营造一个健康向上的网络文化氛围,尽量为大学生提供一个良好的网上生活空间。

第二,加强对信息网络的监控和管理。学校要加强对局域网、校园网及BBS等各类网络平台的管理，增强学生上网的法制意识、责任意识和安全意识，提高学生辨别网络信息的能力，引导学生树立正确的网络观念和良好的网络道德；建立和完善可行的网络管理规则，做到网络活动有章可循，照章办事；采取"实名上网"等方法对网上不良或不健康内容进行监控，在技术上抢占制高点，把技术和管理措施配合起来，在保证安全的情况下发挥网络的最大作用。

第三，开展丰富多彩的网上教育活动。学校要将德育与网络技术有机地整合起来，根据网络环境制定网络德育的培养目标、培养内容、实施计划以及定时向学生提供在线指导，帮助学生解决心理、思想、生活、学习等方面的问题。学生可以在网络上学习德育课程，有选择性地、自发地感受德育内容；还可以精心策划，开展融思想性、知识性、趣味性于一体的网上校园文化活动，如开展网上知识竞赛、网上论坛、网页设计比赛等。

第四，加大网络工作培训力度。网络信息的发展日新月异，建立一支能适应网络时代的德育队伍是当务之急。学校要加大培训力度，尽快提高教育队伍的整体素质，尤其运用网络技术的能力和素质。通过培训使他们熟悉网络文化特点，提高信息处理能力，及时了解大学生的思想动态和他们所关注的热点问题，有针对性地开展德育工作，从而为充分发挥网络功能，加强和改进思想政治教育提供有力的组织保证。

2.德育队伍应提高自身信息技术应用能力

面对信息化带来的巨大机遇和挑战，广大高校德育工作者应该与时俱进，努力提高自身信息技术应用能力。

第一，树立网络教育观。面对网络带来的各种新情况和新问题，德育工作者应与时俱进，解放思想，及时更新旧的教育观念，改变以往德育中以教育者为主体，受教育者只是被动接受各种知识信息的状况。德育工作者不再单纯扮演知识传授者的角色，而要在教育教学过程中充分凸显学生的主体地位，使学生具备高效、科学、合理利用网络的能力，并引导他们树立正确的网络观念和网络道德，学会正确甄别各种纷繁复杂的网络信息资源，增强自律意识，在网络这个虚拟的空间里继续引导学生在自我教育、自我调适、自我发展的过程中逐渐养成良好的思想政治素质及道德品质，成为适应时代进步和社会发展的新型人才。

第二，提高驾驭网络的工作能力。教师的素质和水平直接影响学生的道德品质的养成和政治思想观点的形成。德育工作者要自觉主动适应信息化发展的要求，树立现代科技意识，充分借助网络技术平台，采用图文并茂的综合表现方式表达教育内容，增加教育信息容量，增强教育的感染力和吸引力，达到网络德育的实效。这就要求现代德育工作者要在网络上拥有自己的一片空间，即在网上制作自己的德育专题主页和建立自己的德育专题网站，或在校园网及其他栏目里，渗透或开辟德育理论研究或实际工作指导等，有效占领网络德育新阵地。

第三，加强网络德育工作的理论研究。网络德育工作的实践同样需要科学的理论指导。因此，高校德育工作者应该加强对网络德育工作的理论研究和探索，尤其对网络空间的特点与发展变化趋势的研究及对网络实施有效管理的方法研究等，通过研究和探讨来引导网络德育工作的开展。

网络德育工作的理论研究还包括对沉迷网络的学生等特殊对象的心理特点及疏导方式的研究。通过研究才能既有效处理应对沉溺网络问题，又不断提高德育队伍自身的信息技术应用能力。

总之，高校德育应正视信息技术发展带来的种种机遇和挑战，转变教育观念，与时俱进，充分利用网络优势，将网络思想教育与实践教育相结合，优势互补，从而建立一支适应现代化要求的信息化高校德育队伍，提高高校德育的实效。

第七章 高校德育环境建设

第一节 高校德育环境与学生发展价值

人作为社会关系的总和，生活在一定的社会自然环境中，与环境有着千丝万缕的联系，不仅其生息繁衍与环境相联系，而且其道德行为也与环境息息相关，即人们自觉地或不自觉地，归根到底总是从他们阶级地位所依据的实际关系中——从他们进行生产和交换的经济关系中，吸取自己的道德观念。这就是说，人的思想道德素质的形成和发展与德育环境密切相关。关于德育环境的研究是德育科学化研究的重要组成部分，同时又是德育工作者和相关人员在科学化道路上不断地自我扩展、自我更新和自我完善的过程。它作为一种内驱力推动了人与环境关系认识的科学化进程，从而促进工作为科学的德育学科的形成，也促进了德育科学体系的建构。近年来，有关德育环境的研究，学界已多有论及，但如何在新的时代背景下把德育环境的研究和建设置于整体性领域内进行系统把握，是现代德育体系建构亟须完善的重要环节。

高校德育环境作为大学生思想政治品德形成、发展和高校德育活动的外部因素，对高校德育工作产生了重要的影响。研究高校德育环境是现代德育体系自身建构的需要，同时也是对原有德育范式、手段的突破和创新。

一、高校德育环境概述

（一）高校德育环境的内涵

随着现代科学技术的发展，人类认识世界的能力不断增强，德育系统的环境也不断拓展且变得愈加复杂。从一般意义上说，德育环境可分为宏观环境和微观环境。宏观环境主要指社会政治、经济、文化环境，微观环境是指家庭环境、学校环境、工作环境。宏观的社会政治、经济、文化环境对人的思想政治品德的形成、发展起决定性作用；微观的家庭、学校、工作环境对人的思想政治品德的形成、发展也有着极其重要的影响和制约作用。从环境构成的内容来看，又可将德育环境分为硬环境和软环境。然而，德育环境是一个广泛而又复杂的系统，它是不同层次的环境因素相互联系构成的有机整体。用系统论的方法来审视高校德育环境，就不能孤立地看待各种标准的划分。合理把握、正确定位高校德育环境，我们倾向于将其分为物质性的硬环境和精神性的软环境，并兼而论及以高校为桥梁和纽带也涉及部分社会环境和自然环境等其他相关环境内容。本书将在后面着重阐述。

（二）高校德育环境的结构系统

首先，德育环境对人的思想政治道德素质的影响体现了人和环境的关系。德育为两者之间的和谐关系提供了关联性基础和价值性要求。环境为人的生存和发展提供了各种可能性的物质资源，并同时不断影响人的精神生活。社会的政治、经济、文化、社会生活和学校生活的各个方面，以法律、道德、习俗、其他的社会规范和学校的各种规章制度等形式表现出来，并对人们的思想行为进行导向和规约。人在受环境影响的同时，也通过自己的活动不断改造环境。人们的思想观念，其具体存在的形态表现，大到社会各种学说、思潮、多元的价值观及社会导向、社会风气、社会心理等，小到校风、班风、家风等，精芜杂陈、层次不一，且总是处于不断碰撞、交融、衍生、变化的过程中，它的变化发展过程及其趋向，都对现实环境形成冲击。

其次，德育环境通过中介因素对人的思想政治道德素质的影响体现了德育和人的关系。环境是德育活动实施以及人在德育活动中品德形成的必要的手段和中介。环境在德育过程的各个阶段都影响着个体品德的形成，对人的道德认知、道德情感和道德实践发挥着重要的作用。

最后，德育和环境的相互关系体现了人始终是联结两者的逻辑起点和现实终点。德育实施的主体客体都是人，教育者和被教育者在德育活动的互动过程中推动着德育的建设和发展。而环境作为人的外部存在，在德育过程中，也是通过人的目的性改造而为德育服务的。

德育环境是一个由若干层次的复杂多元的要素构成的系统，根据不同的标准可以将德育环境划分为不同的类型。从德育实践的空间范围来划分德育环境，可将其分为社会大环境、社区环境、家庭环境、学校校园环境和网络以及大众传媒环境。另外，从学生个体发展人际范围来划分，可以将其划分为四类人际环境，即家庭成员、社区邻里、学校老师、同辈群体。本书将在后面分别对上述各类环境的内涵、特征及其对学生的思想品德形成发展的影响进行简要分析。

（三）高校德育环境对学生个体发展的价值

环境对学生个体发展的影响与德育对学生个体发展的影响有着明显的区别与联系。从区别上看，主要表现为：一是目的不同。环境对学生个体发展的影响是无目的性的，环境的存在主要不是为了影响人的思想政治道德素质，它的存在是为整个人类社会的生存与发展提供前提和基础，在这个过程中会自觉和不自觉地对人的思想政治道德素质产生影响，从而对个体发展产生促进或制约作用；而德育是目的十分明确的教育活动。德育的目的就是为了影响人的思想政治道德素质从而促进个体的发展。二是层次不同。环境不仅影响人的思想政治道德素质的性质和水平，而且也影响着德育发展的性质和水平。而德育是社会上层建筑的一个组成部分，是环境的一部分。德育主要影响人的思想政治道德素质，有时也会反作用于环境。三是性质不同。环境对人的思想政治道德素质的影响，其性质是广泛的、多样的，其中有积极的，也有消极的，有正面的，也有负面的，涉及思想政治道德素质的各个方面。而且这种广泛性和多样性是时时处处自发地产生的。而德育对人的思想政治道德素质的影响是自觉地、有计划、有步骤、有内容、有组织地，在特定时间和地点，系统地进行的。从联系上看，两者是作用与反作用的关系。社会环境的性质决定德育的性质，德育则通过培养和训练具有符合社会占统治地位阶级所要求的思想政治道德素质的人，对环境产生反作用。

具体说来，各种德育环境对学生个体发展的价值主要体现在以下三个方面。

1. 德育环境对人的思想政治品德的形成和发展具有促进作用

德育的外部环境，无论是自然环境还是社会环境，都对人的思想政治道德素质的形成和发展具有促进作用。自然环境中，雄伟壮丽的疆土、恬静秀美的山川都蕴含着一定的教育内容，激发人们的爱国、爱家情怀。社会环境的各种因素，特别是思想层面的因素，常常是"鱼龙混杂"，有"香花"，也有"毒草"，积极向上的、高尚的、真善美的促使青年学生奋发向上，健康成长，有利于他们形成远大的理想，树立正确的人生观与科学的世界观，培养优秀的道德品质及高尚的情操。由于青年学生思想觉悟不高，缺乏社会生活经验，缺乏锻炼，意志力薄弱，各种消极腐朽的因素也会促使他们迷失正确的政治方向，胸无大志，追求享乐，沾染上不良的习气，甚至道德败坏，走向邪路等。所以，德育要重视和加强社会环境的研究，发扬社会环境积极因素的影响，抑制消极因素的影响，为青年学生的健康成长营造良好的社会氛围。

2. 德育环境对人的思想政治品德的形成和发展具有潜移默化的影响

德育环境对人的思想影响不是强制的、有形的影响，而常常是无形的、潜移默化的影响。各种德育环境及其因素，以潜移默化的独特方式时时处处地熏陶、感染、引导、激励、教育着青年学生，使他们转变原有的思想观念并提高到新的思想水平。社会环境中的社会风气、社会氛围、社会舆论的教育，正是通过这种潜移默化、耳濡目染、内心的体验和情感的熏陶来实现的。对高校而言，社会文化对大学生的思想和行为的熏陶和感染更为强烈、明显。如，一些大学生在流行文化的影响下，受明星的暗示作用，模仿明星，无论是发型、穿着、动作、行为习惯等，都力图仿效，甚至成了"追星一族"。社会文化作为环境参与或影响包括德育活动在内的人类个体和人类的行动历程的每一环节。社会文化不但影响学校德育工作者，还影响德育对象的身心特征，甚至制约学校德育的内容和方法。显然，社会环境对青年学生的影响，虽然不像学校教育那样，是有计划有组织有要求，运用特定的措施和方法的，但社会大环境的潜移默化的教育作用是不可忽视的。相形之下，它比灌输教育来得更自然，因更少强制性而更易为青年学生所接受，却又往往令青年迷惘而不知所措。正是德育环境的这种独特的教育特征和效果，使得自古以来的思想家和教育家都十分重视环境对人的思想的潜移默化的作用，因此才会有"近朱者赤、近墨者黑""蓬生麻中、不扶自直""孟母三迁"等这样的古训。

3. 德育环境对人的思想政治品德的形成和发展具有重要的约束和规范作用

环境之所以对人的思想和行为具有约束和规范的作用，是因为当人们的思想和行为在环境中表现出来后，就会受到周围环境和人们舆论的评判；同时还会受到法律、道德、纪律规范的检验，这就是环境对人的思想和行为的直接影响。好的思想行为得到肯定和赞誉后，会激励人继续保持甚至强化，也会给周围的人动力，引导他们仿效、改进；不符合社会规范，甚至违背道德和法律的思想行为会受到抑制、批评甚至谴责，使人产生压力和敬畏感，促使人改过。如，学生到了图书馆、报告厅等自然会保持安静，因为这些公共场所有保持肃静的氛围要求。这就是制度环境中的条例、准则等对人的思想政治品德和行为的约束和规范作用。德育环境对青年学生的价值观、人生观、世界观以及理想、信念、道德品质等都有这样的约束和规范作用。以社会风气为例，一般认为它只会对人的思想和行为产生一定的影响，其实不然。一个时代或一个时期的社会风气，甚至制约着人们的思维方式与创造性。

二、高校德育环境的基本特征

高校德育环境从结构上说，具有结构的复杂性、整体性、有序性；从本质上说，具有政治性、广泛性、创造性、开放性和渗透性。

（一）结构上的复杂性、整体性、有序性

1. 复杂性

高校是社会的一个重要组成部分，大学校园被称为社会的"晴雨表"，高校与社会有着不可分割的联系，社会环境的复杂性决定了高校德育环境的复杂性。学校自身也为学生的成长成才提供了各种物质、精神环境，这些环境因素对大学生的思想和行为无时无刻不在发生着作用。此外，高校德育环境由于其性质不同，对大学生的作用方式也各不相同。它们有的是有形的，有的是无形的，有的表现出直接的、具体的影响，而有的则表现出间接的、渗透性的影响。各种不同的影响方式之间既相互联系，又相对独立，交互影响着大学生思想政治品德的形成和发展。这在一定程度上也构成了高校德育环境结构上的复杂性。

2. 整体性

高校德育环境各要素之间密不可分、相互协调的关系，又体现了高校德育环境结构的整体性。也就是说，高校德育环境的功能和作用是在特定的结构中产生的，是有机联系的，牵一发而动全身的。除了各要素间密不可分的关系之外，高校德育环境结构的整体性还表现在各要素之间的彼此协调，也就是说，在一定的环境中，各因素的存在不是机械的、独立的，而是相辅相成、相互配合、相互作用的。高校德育环境只有发挥好整体功能，才能对学生的思想行为产生最大的影响和制约作用。

3. 有序性

高校德育环境从时空上讲体现了结构上的有序性。从空间上看，高校德育环境各因素是相对独立的，是德育环境大系统的一个子系统，这些子系统处于不同的位置，充当不同的角色，其本身又是一个独立的功能体，它们在构成德育环境系统时具有一定的结构和层次，具有有序性，并各自有相应的功能。从时间上看，高校德育环境各因素不是一成不变的，而是变化发展的，是与大学生身心发展要求和规律相一致的，前后更替具有有序性。一方面，高校德育环境是各因素按照一定的结构形式组合而成的有序系统；另一方面，高校学生思想活跃，接触面广，乐于接受新事物，其思想政治道德会随着环境的变化而不断发生变化，但这种变化并非杂乱无章，会呈现一定的规律性。

（二）本质上的政治性、广泛性、创造性、开放性和渗透性

1. 政治性

学校德育历来被视为再生产既定的政治关系的重要工具。学校德育的这种政治关系再生产功能首先通过学生的政治社会化、实现政治角色的认同而实现；其次通过培养学生自觉的阶级意识而实现，还通过对不同阶级、阶层的融化、改造而实现。所以，高校德育环境在本质上具有政治性。我国从社会到高校，包括家庭，要营造各种各样的环境，来培养德才兼备的社会主义事业合格的建设者和接班人。此外，从社会生活的角度看，高校德育环境在一定程度上是高校学生的社会生活环境，而无论是宏观的国家、法律、道德、社会意识，还是微观的个人思想与行为，都受到政治的直接或间接的影响。既然社会生活环境不可避免要打上政治的烙印，那么，主要由社会生活环境构成的德育环境自然也有政治性。再者，高校德育对社会政治也有着巨大的影响，可以引导人们对政治目标做出正确的选择，高校的文化传承与创新更是引领社会文化的繁荣与发展。

2. 广泛性

世界是普遍联系的，万事万物都处在一定的联系之中，人与周围的事

物存在着普遍的多样的联系。因此，无论是已经认识到的自然和社会对象，还是尚未认识到的，都可能构成环境。随着人们对人类社会文明史的认识的不断深入和发展，人类活动范围不断地扩大，人们对未来的预测、分析及创造环境能力的加强，环境的时空在不断拓展。作为传承、发展人类文明的重要场所的学校，尤其作为社会高层次人才培养摇篮的高等学校，更会与社会客观存在着直接或间接的联系，一旦现实社会环境发生变化，高校德育就会为适应其变化而变化。

3. 创造性

由于德育环境具有可变性，总是处在不断发展变化的状态之中，这就给我们发挥创造性，促使其朝着积极影响的方向发展提供了可能。即当现实的德育环境对人的思想品德及德育活动发生影响的同时，我们能够积极发挥主观能动性和创造性，引导和改造现实的德育环境，使之成为有利于德育活动和德育对象身心健康发展的德育环境，从而促进德育目标的实现和德育任务的完成。

4. 开放性

德育是对人的思想与道德施加影响的活动。德育环境具有广泛性，导致德育的环境很难固定。除此之外，德育环境也不能被人为地封闭起来。所以，影响德育环境的因素在空间上没有固定界限。社会存在决定社会意识，社会意识是对社会存在的反映，但社会意识具有相对独立性。人们的思想道德不仅是对现实的反映，而且也会受到历史和未来因素的影响，因此德育不可能机械地固定在某一时间或某一个界限内。这就说明，高校德育环境无论是在空间上还是在时间上都具有开放性。

5. 渗透性

高校德育环境对学生的影响不是直接的，主要是间接地熏陶，是一个长期的潜在的过程，这种潜移默化的隐性效应，使得环境对高校德育的影响不直接显露，不能引起即时的反应，而必须通过对社会、经济、政治、文化等各种信息进行筛选、吸收、积累，将其渗透到对学生世界观、人生观和价值观的形成和思想品德的发展中以产生影响。例如，优秀的文艺作品能对学生起到鼓舞志气、振奋精神的积极作用；健康向上、丰富多彩的校园文化活动，能够创设一种文化氛围，发挥教育功能、导向功能、审美功能和娱乐功能，帮助学生树立正确的人生观、世界观和价值观。总之，高校德育环境对人的影响不是强制的、直接的，而是通过感染、熏陶，使人在不知不觉中接受教育，是一种渗透性的、积累式的影响。

三、高校德育环境的功能

德育环境的功能主要有以下几个方面。

（一）规范导向功能

高校德育环境对青年学生的思想政治品德的形成、发展及德育活动具有规范和导向功能。从社会环境来看，其规范导向功能表现为：一是学校关系是社会关系的一种，一定的社会形态如社会主义制度、资本主义制度等，以及具体的社会制度如政治制度、经济制度、文化制度、教育制度等，都对高校德育起到规范导向作用。如，我们正在进行的中国特色社会主义建设事业及深化改革、全面建成小康社会、实现"两个百年"奋斗目标等社会大环境，毋庸置疑规范导向了高校德育的目标、内容、方法等。二是社会环境中的政治、经济、文化等各种具体环境因素通过学生的自觉道德实践和学校的德育活动不断进行物质、信息和能量的交换，使社会信息源源不断地传入学校。这样既对学生的思想认识和价值观念的形成和发展产生影响，又对学校德育活动发生作用。良好的健康的社会信息可将学生的道德认识、人生价值观和德育活动导入正确的方向。反之，消极的不良的社会信息既误导学生思想道德的认识和实践，也会误导学校德育活动，最终削弱德育的效果。从学校自身环境来看，一方面，学校的制度关系规范制约着德育。学校的各种规章制度，如考勤制度、奖惩制度等，都对人的思想行为产生影响和制约；另一方面，学校中的非制度关系，如校园气氛、班级课堂气氛等，也在规范引导着学生的思想行为。

（二）渗透传导功能

高校德育环境对青年学生的思想政治品德的形成、发展及德育活动具有渗透传导功能。具体表现为：一是学校的硬环境，从校园建筑风格到校舍楼宇的装设等，都给生活于其中的成员一个具体可感的参考，并传递出一定的价值信息，给每个成员以一定的心理暗示，使他们自觉或不自觉地从周围环境中接受那些人们所认可或学校倡导的价值观与道德观。如，古典的建筑沉淀着学校悠久的文化底蕴，现代的风格蕴含着学校国际化的视野。再如，学校校舍的精心装设、校园的花草树木等都面向学生的生活世界，处处感染学生热爱生命、热爱生活、热爱学校。二是学校的软环境，尤其学校在长期的文化实践中形成的体现学校风格个性的校训、校风，凝聚着学校的基本精神与价值取向，它可以将学校的意志和价值渗透于学校的各种文化活动中，使之成为学生生活环境的不可分割的一部分，进而在有意无意中对学生产生影响，对他们人生态度和道德认识的形成发挥导向作用。三是学校的德育活动主要是在学校环境中进行的，学校环境的各种因素对德育活动同样起着导向作用。如志愿者活动、升国旗仪式、参观有历史价值的纪念场馆、参加义务劳动、参加文体活动等能让学生接受爱国主义、社会主义、集体主义的教育；参加学术活动、艺术活动、读书活动等都能使学生在不知不觉中受到心灵的感染、情操的陶冶、哲理的启迪，使教育者的意图逐渐渗透到他们的思想中，由量变到质变，使其思想感情发生改变或将原有的思想提高到新的层次，特别是那些只能意会、不能言传的东西。杜甫的诗句"好雨知时节，当春乃发生。随风潜入夜，润物细无声"就是环境渗透作用的写照。环境渗透作用正是通过这种耳濡目染，对情感的熏陶感染来实现的。正如列宁指出的，没有人的情感，就从来没有也不可能有人对真理的追求。

（三）教育示范功能

高校德育环境对青年学生的思想政治品德的形成、发展及德育活动具有教育示范功能。具体表现为：一是教师人格榜样的示范。教师尤其是与学生联系最多的专兼职班主任和辅导员，通过言传身教，他们的政治态度、品德作风和生活方式都会对学生的政治观、人生观、价值观、道德观产生直接影响。许多学生的思想作风、兴趣爱好和行为习惯都深受老师的影响。二是学生身边的榜样示范。大学生的年龄结构、社会阅历、知识水平、兴趣爱好有相近或一致的特点，因而他们所在的环境中受到奖励或舆论褒扬的先进人物和事迹对他们的道德、情感和价值观的形成有着最直接的重要的影响。学生中受表扬和奖励的好人好事会成为学生效仿的对象及进步的动力。反之，对违纪学生进行处罚，也会使学生努力去避免这种行为在自己身上发生。三是社会模范典型的示范。

（四）驱动反馈功能

高校德育环境对青年学生的思想政治品德的形成、发展及德育活动具有驱动反馈功能。高校德育环境是动态变化的。变化的环境必然会给学生的个性特征及思想品德带来新的变化，也会给高校德育带来新的研究任务。高校德育要想取得良好的效果，就必须研究客观环境，揭示环境的运动变化的特性，根据变化了的环境、变化了的教育对象，不断调整教育目标，选择相适应的教育内容和方法，把握环境构成的各因素之间的相互关系及其对人的思想产生影响的规律，为人的思想政治品德健康发展创造良好的成长环境。高校德育环境的驱动反馈功能具体表现为：一方面，社会通过正向的信息传导及逆向的信息反馈，不断向学校发出指令性或指导性信息，对高校德育工作作明确的要求，学校会根据社会要求进行德育环境的改进，并对院系、年级、班级、宿舍等环境层次进行优化，直至对德育对象提出要求，施加影响。同时，社会环境也根据德育对象的社会化行为做出的反馈进行调整。另一方面，国际重大政治经济动荡，国家重大政治经济事件或重大灾害等德育社会环境因素的突发性、偶发性变化，引起高校德育环境要素的反应与变化，这是非常规性的，也是无序的驱动反馈。

（五）心理建构功能

高校德育环境对青年学生的思想政治品德的形成、发展及德育活动具有心理建构功能。具体表现为：一方面，大学生因为外部环境的因素，如市场经济的确立，竞争机制的导入，生活方式的变化，中西文化的碰撞，价值观念的冲突等，产生压抑、焦虑、茫然等一定程度的心理疾病，又由于内部环境因素，如学习生活紧张、竞争激烈，人际关系复杂，业余生活单调，就业压力大等，面临无所适从的心理状态。这就使得德育在心理品质培养中有着特殊的地位和作用，也使得健康良好的心理品质成为德育的心理基础，把德育和心理教育结合起来成为德育方法改革的重要环节。另一方面，由于学校的育人环境具有特定的导向功能，因此，它对学校的环境氛围具有特定的调节作用。这些环境能在一定程度上推进大学生心理品德的健康成长，使学生具有健康的个性心理和完善的人格特征。

第二节 高校德育环境的基本构成

根据德育环境的结构系统分析，我们将高校德育环境分为社会环境和学校环境两大部分，也可以称之为外部环境和内部环境。

一、外部德育环境

高校外部德育环境，是指较大范围内围绕学生的需求，直接或间接影响和制约大学生思想政治品德形成和发展的各种外部因素的总和，主要包括社会经济、政治、文化等宏观环境和家庭微观环境等。

（一）社会经济、政治、文化等宏观环境

经济环境是最基本的环境因素，直接影响德育的要求和规格，决定德育的发展水平。不同的生产方式对人的思想政治品德的要求是不同的，社会经济环境以其特有的生产方式对人的思想政治品德产生直接的影响。在社会主义社会，我国实行以公有制为主体、多种所有制共同发展的经济制度，以按劳分配为主、多种分配方式并存的分配制度，这种经济环境要求在全社会弘扬以为人民服务为核心、以集体主义为原则的思想政治品德。同时，经济环境还通过对政治、文化等其他环境因素的影响来间接影响德育，繁荣的经济环境能激发人的内驱力，鼓舞人的意志，振奋人心，有助于人形成积极向上的思想政治品德，而衰退的经济环境则容易使人失去动力而意志衰弱。

政治环境既是形成人的政治观的外在重要因素，也是实现人的政治社会化的客观条件。政治环境决定了我国高校德育的目标、内容、基本原则等，因此德育必然要把视野投向社会政治环境，从中把握学生的思想政治品德形成、变化的规律性，通过进行党的基本路线、方针、政策的教育来提高学生坚持党的领导和坚持中国特色社会主义道路的自觉性，通过进行社会主义民主、法治的教育来提高学生辨别是非的能力，增强他们遵纪守法的意识，通过形势政策教育、党史国情教育来使学生对周围环境、社会生活、社会关系有正确的认识，帮助他们树立正确的政治立场和价值观念。

文化环境是人们在精神文化支配下的各种行为联系而构成的社会文化关系。社会文化环境通过融合各种教育因素间接地潜移默化地影响人的思想面貌和价值取向。当前坚定不移沿着中国特色社会主义道路前进、实现"两个百年、两个翻番"、实现全面建成小康社会奋斗目标、实现中华民族伟大复兴的中国梦，作为全社会的共同理想和精神支柱，就起到精神动员的作用，激励学生坚定信念、明确方向、开拓进取。此外，高雅、健康、进步的文学艺术作品、新闻出版作品、广播电视电影作品等能够滋润人们的心灵，升华人们的精神境界，良好的社会风气、社会思潮、社会心理等因素也耳濡目染地影响学生思想政治品德的形成。

（二）家庭微观环境

家庭作为社会的细胞，既是社会组成的基本单位，也是品德教育的前沿阵地。家庭成员的言行对子女的思想、品质、作风的形成具有潜移默化的作用。可以说，家庭是人生第一所学校，父母是子女的第一任老师，父母的言传身教和家庭的熏陶至关重要。改革开放和社会主义市场经济的建立和发展，为家庭环境建设奠定了物质基础。现在家长为适应社会，在家庭教育上不惜血本进行投资，花费了大量财力、时间和精力，从某种意义上说，这是家庭环境建设的很大进步与发展，但这种无微不至的关怀、照顾甚至包办，也使得一些子女缺乏独立自主的能力和自强的精神，有的因为逆反、不适应挫折和困难等造成严重的心理问题，还有的没有勤劳简朴、艰苦奋斗、团结协作的品德而不适应大学的学习和生活，因此家庭环境对高校德育的影响已随着经济和社会的发展而不断增强。为此，重视家庭环境建设是提高德育实效的重要环节。要着力提高全民的素质，家长素质的提高是家庭环境建设的根本和保障。要在全社会大力弘扬中华民族优秀传统文化，并吸收世界先进文明成果，形成有时代特征、民族特色的家庭美德。学校要采取一定的方式培养家长家庭教育的意识和能力，并倡导家长以身作则，率先垂范。总之，加强中华民族的德育建设，必须从家庭抓起。家庭德育氛围也是高校德育环境建设的重要着力点。

二、内部德育环境

高校内部德育环境，是指直接或根本影响和制约大学生成长成才、思想品德形成和发展，以及影响和制约高校德育工作及其成效的各种内部因素的总和。高校内部德育环境主要包括校园硬环境，即物质环境；校园软环境，即高校学术环境、高校文化环境、高校管理环境以及高校生活环境等。

（一）校园物质环境

物质环境是影响大学生道德品质形成和发展的重要因素，良好的物质环境有利于产生良好的德育效果。校园物质环境是指校园内对学生的学习和生活产生影响的一切物质条件的总和，主要包括由学校的建筑、设施设备、活动场地、绿化美化和景点设置等构成的自然地理环境、人文景观、教学科研设施、文化基础设施。学校的德育离不开特定的校园,校园物质环境既是学校生存发展的基本条件,又是精神环境中的各种因素的载体。虽然物质环境是没有生命和感情色彩的客观存在物,但如果能够按照有利于育人的要求,遵循德育规律,匠心独运地加以精心设计构造,就会使其散发出生命的灵性,引起人们对美好事物的向往,激发人们对美好生活的追求,从而使其所蕴含的人文底蕴和自然和谐的美感及所表现的文化观念、文化内涵成为影响学生道德品质的强大外部物质力量,并对学生的思想道德素质产生潜在的影响。因此校园物质环境建设得好不仅有利于学生控制情绪、调适行为、陶冶情操、美化心灵,还可以启迪智慧,激发灵感,使学生时时感到精神生活的愉悦。

(二)高校学术环境

科学研究是高校的主要功能之一,大学素以灵动的学术气息而意蕴深邃,充满着求真的科学精神与求善的人文精神就是高校的学术环境。学术活动既是学者的活动,又是教育学生的活动,同时也德育工作者教育人、启迪人、感染人、熏陶人、引导人的活动。高校学术环境充满着对学生的终极关怀,充分调动着学生成长成才的自觉性与积极性,因而,它正日益成为大师的造端地,学生的滋育场。自由的学术氛围要求学生培养求实的科学精神,培养创造性、批判性的思维,培养自主、自强的独立人格。高校学术环境及氛围如何是一所高校是否兴旺发达的标志。一所大学是否具有社会影响,能否对社会做出应有的贡献,不取决于大学的地理位置、建筑、师生多少,而取决于该校的学科建设、学术水平和学术氛围,取决于有多少科研成果转化为现实生产力及其对社会贡献的大小。

(三)高校文化环境

高校文化环境是指影响高校德育的各种文化要素的总和,包括国家的思想和意志、民族传统文化、社会的道德风尚等在高校的文化体现,以及高校本身的各种文化因素。校园文化具有重要的育人功能,要建设体现社会主义特点、时代特征和学校特色的校园文化,形成优良的校风、教风和学风。新时期高校德育工作,必须营造良好的校园文化环境及氛围,始终代表中国先进文化的前进方向,并充分发挥其在人格塑造中的调节和导向功能,做到以科学的理论武装人,以正确的舆论引导人,以高尚的精神塑造人,以优秀的作品鼓舞人。校园文化是以校园为中心,以丰富和活跃学生课余生活,培养全面发展的合格人才为目的，并由广大师生直接参与和组织的一系列活动所形成的一种精神环境和文化氛围。校园文化的灵魂和核心就是校园精神，校园精神是深层次的群体意识，又是群体的向心力和凝聚力，是校园群体共有的价值认同、价值取向和行为方式。校园文化环境从广义上讲，是指教职员工在学校教学、工作、学习过程中共同形成的物质条件和精神条件的总和；从狭义上讲，是以学生为主体，教师为主导，在学校这个空间范围内所逐渐形成的精神文化形态。树立优良的校风是创造良好的校园文化环境的核心内容。校风是校园文化的本质表现，是学校教职员工共同形成的，具有办学特色的、全局性的、稳定性的精神力量和行为作风，是学校管理和办学水平的集中表现。

校园文化环境对大学生的精神风貌和态度情趣具有同化作用，对大学生的道德品质的形成起着重要的塑造作用。因此，高校应开展丰富多彩、积极向上的学术、科技、体育、艺术和娱乐活动，把德育与智育、体育、美育有机结合起来，将德育寓于文化活动和社团活动之中。为德育工作创造良好的文化环境，是高校德育环境建设面临的重要课题。

随着信息技术的迅猛发展，网络环境成为校园文化环境的崭新领域。网络环境的交互性、即时性、便捷性、开放性、匿名性、平等性等特点，为学校德育提供了丰富的信息资源，拓宽了学校德育渠道，使学校德育环境建设最大限度地实现社会化。但网络是一把"双刃剑"，在给高校德育带来积极影响的同时，也不可避免地带来了负面作用，这为高校德育环境建设提出了一个全新的课题。

（四）高校管理环境

管理环境主要包括制度环境和组织环境。制度环境作为高校德育的软环境，为高校德育的开展和实施提供了基础性的安排和保障。没有切实可行的规章制度，即使有最好的环境条件，环境建设也不能协调发展。现代德育已区别于传统的言传身教和上行下效，不再是一种自发性的教育方式，而是一个制度性的活动，因此，制度环境日益成为高校德育环境的重要组成部分。制度不但推动德育环境不断优化，还保证德育环境建设井然有序，强化德育环境对大学生的道德感染和熏陶作用。制度环境由维系学校生活和各种关系的规章、规则和制度构成，具体包括师生道德行为规范、校园管理制度等。

制度环境一旦形成，就具有一定的稳定性和普遍的约束力，要求大家共同遵守，不得随意更改和破坏。高校德育活动是由各级互相依存的组织实体机构来实施的，高校德育环境自然也包含作为高校软环境的组织环境，它是高校实施德育的组织保证。高校德育必须在组织的团队中，在各级组织的相互配合支持下才能发挥其系统性和有效性。组织的重视程度、理念方法、理论研究水平和实际工作能力等都在很大程度上制约着德育建设的发展。组织环境主要包括德育工作的领导体制和德育队伍状况。有效的领导体制是高校德育环境协调、有效建设的根本所在，高素质的德育队伍是建设高校德育环境的人力保障。

（五）高校生活环境

高校生活环境主要指在特定空间范围内形成的社区氛围和人际环境。其中社区氛围主要是指在大学生宿舍等生活园区形成的生活、交往、文化等氛围。宿舍将不同地域、不同生活背景、不同专业、不同素质的学生集合成一个小群体，在这个小群体中他们朝夕相处，心灵沟通，情感交流，学习帮助，相互影响，形成特定的生活环境，这种环境极具影响力和感染力。高校德育的人际环境是大学生与其所能接触的人通过交往形成的主要以情感为基础的相互关系和氛围，是一种交往环境。良好的人际环境不仅是大学生学习、生活的重要保证，也是学校德育价值的重要体现。高校生活环境不仅会影响德育主客体的价值导向和行为模式，还会影响德育主客体的思想情绪和工作动力。

在高校德育环境的构成中，除上述主要构成因素外，还有一些其他环境因素，即对主要环境起支持、维护、保证和促进作用的环境。这些环境虽然对大学生思想品德形成、发展造成的影响不如上述主要环境那样强烈，但是这些环境控制和建设的好坏，同样会给高校德育工作造成重大影响，甚至直接对主要环境起促进或阻滞作用，因此也是高校德育环境中不可或缺的因素。这些环境主要包括：高校的精神和办学理念；雄厚的办学实力与社会影响；所在城市完善的基础设施建设；国家的法律法规和政策；等等。

三、高校德育的内部环境与外部环境的关系

在高校德育环境构成中，宏观的社会环境是影响高校德育的大背景，控制、影响、决定着其他环境的总体状况。学校环境是高校德育环境的重要

组成部分，它对德育活动及学生的思想政治品德的形成和发展非常重要。社会环境针对社会大众层面，学校环境主要针对学生群体或个体，但这并不意味着社会环境和学校环境是对立的、是毫无关系的，更不是"井水不犯河水"，它们之间存在着一种互动关系。学校是社会的组成部分。学校环境的形成和发展离不开社会环境的影响和作用。社会环境对高校德育的影响一般是通过学校环境实现的，反过来，学校环境的营造又会影响社会大环境的整体建设。

学校外部环境和学校内部环境对学生的影响是纵横交错、互相制约、互相影响的。学校外部环境是内部环境的背景和基础，而优化学校内部环境又能对外部环境建设起促进作用。因此，高校德育环境建设要正视现实，扬长避短：既看到学校外部环境中的有利因素，引导学生认同和接纳它，又要看到外部环境中的不良因素、弊端和危害，引导学生加以抵制和摒弃；既要加强学校内部环境的建设，优化育人环境，又要加强对学校外部环境的优选和调控。实践证明，正确处理高校德育内部环境和外部环境的关系，才能更好地建设高校德育环境。

第三节 高校德育环境建设的实践

系统论的协同作用原理揭示了系统的活动机制，揭示了系统的要素之间、系统与环境之间的相互关系和作用。系统要素之间、系统与环境两方面的协同作用，可以使系统在原有要素不变的情况下发挥更大的作用，从而提高系统整体功能的效果。系统要素之间的协同作用是系统运行的微观机制和内在机制，它是系统存在与发展的依据。系统与环境之间的共同作用，是系统运行的宏观机制和外在机制，它是系统存在和发展的必要条件。德育系统的运行机制同样包括系统要素间的内在机制和系统与环境之间的宏观机制。因此，在学校德育过程中，不仅应当关心德育管理运行的内部机制，而且应该重视其外部机制，建立学校优化的环境，从而为德育管理创造必要的背景条件。

一、高校德育环境建设的基本策略

高校德育环境的性质和特点决定了我们必须坚持集成人学教育观，具体来说，就是要坚持大空间观、大时间观和大主体观。大空间观要求德育工作应以积极的姿态面向社会，通过环境建设工作，优化和开发高校德育环境，同时将德育内容渗透到环境建设工作的方方面面。大时间观就是从德育环境建设的角度，把高校德育活动作为一个动态的连续的过程，形成一种共时性和历时性高度统一的德育环境。高校德育工作只有贯穿大学生在校生活的始终，才能通过长期的渗透和熏陶，为大学生形成良好的思想道德素质打下坚实的基础。大主体观就是将各级党委、政府部门，社会的有关组织，家庭，学校的力量都整合到德育中来，拧成一股绳，形成教育的合力，提高教育的效果。

这种大空间观、大时间观和大主体观就要求我们要提高"大德育"意识，这是优化德育环境的重要前提。德育环境的优化必须使全社会建立起较为充分的对于学校德育的义务感和德育自觉意识，只有在全社会德育意识水平普遍提高的基础上，德育环境的优化才有可能走向现实。每一个具有一定的实践能力、认识能力，并且能够运用这些能力影响和改造德育环境的组织和个人，都是德育环境建设的主体。只要确立并强化这样一个大德育主体观念，就能够实现由主要依靠学校力量实施德育的模式向多主体参与、多渠道渗透、开放动态的整合力型的德育新模式转变。为了践行这种集成人学教育观，我们认为在高校德育环境建设方面应该采取以下策略：

（一）整体建构策略

高校德育环境是由学校德育环境、家庭德育环境和社会德育环境三个子系统共同构成的大系统，三者处于不同的层次和维度。高校德育环境的优化涉及多个方面，整体建构策略是常用的策略和方法。这种策略调节、控制环境各要素对德育的影响，发扬、扩大积极因素的范围并统一其作用的方向，同时抵制消极因素、减少负面影响，使之形成并始终体现正面教育的整体合力和效应。只有使用整体建构策略，有目的、有步骤地调节社会宏观环境与微观环境的矛盾，保持整体协调统一，才能有助于把家庭、学校、社会德育环境三股力量有机结合，构建三位一体的高校德育环境教育模式，从而形成教育合力。

整体构建策略实施过程中，首先要重视政府的主导力量。政府在社会经济、政治、文化等发展目标的选择上起宏观调控作用，在此过程中，应该将构建一个有利于学生健康成长的德育环境的理念贯彻渗透其中，除了要重视与学生特别密切的社区文化环境、传媒环境的建设管理，促进文明家庭的建设等以外，还要重视改善社会风气，形成正确的社会价值导向和中国特色的新文化，从而使得大德育观的实现、良好的大德育环境的营造得到强有力的保障。其次要充分发挥学校在营造优化德育环境中的主体性和主动作用。

学校要根据育人根本任务建设好校园环境，同时主动地参与社会德育环境的建设。既善于利用各类环境系统中的积极因素，组合各种正面的影响而形成合力，又以自身特有的优势，传播先进的道德文化并辐射影响社会，从而使外部环境中正面德育影响源最大限度地转变为现实的德育影响，并促进外部环境中的德育影响有序化，形成德育环境建设的良性互动，以开发学校德育的现实空间。

（二）和谐发展策略

构建社会主义和谐社会，作为中国特色社会主义事业的重要组成部分，在党的十八大报告里再次被提上议程。教育作为社会系统的重要组成部分，在经济社会发展中起着基础性、全局性、先导性的作用，如何将和谐发展理念融入教育，使其在构建社会主义和谐社会中发挥出重要的作用，是一个重大而崭新的课题，需要广大教育工作者深入思考和不断探索。将构建和谐教育的理念贯穿到德育环境的建设中，能够促进德育环境的优化，为新时期德育改革提供新的思路，对高等教育的改革和发展同样具有重要的指导意义。

构建和谐的高校德育环境，就是努力使学生生活在各尽其能、各得其所而又和谐相处的高校德育环境中，也就是良性运行和协调发展的高校德育环境，它是和谐社会的一个重要子系统。高校应结合自身的特点，积极优化校园德育环境。首先，要形成融洽的人际关系环境。良好的人际关系是大学生学习、生活的重要保证，是学校德育价值体现的重要方面。其次，要营造各种和谐的校园环境。学校德育环境包括学校内部的一切事物，即包括物质的和精神的、有形的和无形的多种因素。通过融合多种德育价值，使学术研究与道德修养相统一，使科学精神与人文精神相统一，以促进"大学生全面素质教育工程"的实施，促使学校在凝聚力、对外吸引力和向心力等各方面都能够得到发展，从而使德育能有效促进人的全面健康发展。

（三）比较鉴别策略

环境的各种构成要素能对学生产生不同的影响。德育环境的优化要通过纵向和横向的比较，才能鉴别其作用的效果。因此，在德育环境建设的过程中，应该纵向地把德育环境的影响与过去的环境影响、与创造设想的新环境相比较，找出差距；横向地把同一发展水平的环境影响、国内外的环境影响相对比，区别好坏与优劣，并进行优化。通过比较鉴别，还能增强或突出德育环境的某些特征，重点发挥其作用，形成某些特定的环境条件来影响德育活动和师生的行为。这种策略要求在高校德育环境建设时努力挖掘和创造资源，人为地、有意识地去优化高校德育环境。

（四）判断预测策略

环境的运动、变化、发展在特定条件下是有一定的规律的。德育环境对于人的影响也具有规律性。高校德育环境的建设者作为环境的主人，可以对环境未来的发展趋势及状况做出判断、预测并进行综合分析、择优，从而对环境建设加以正确的引导、适时的调控，不断强化、不断优化，让优质的德育环境发挥最大程度的育人功能，让反面的环境因素在建设过程中被过滤，为学生的德育发展提供一个优化的、明净的环境。这种策略主要是组织各领域的专家运用直观归纳法，也可以采取专家会议来预测环境的过去、现在的状况、变化发展的过程，进行分析判断，通过专家之间掌握的环境信息进行交流，引起思想共鸣，进行创造性思维，从而为优化选择环境资源做出正确判断。它有助于政府和学校对环境优化的舆论导向，并提供决策、立法及制度制定的依据，因此在环境优化的策略中有着重要地位。

（五）隐蔽教育策略

该策略由高校德育环境的渗透性特征决定的。它是指在高校德育环境建设过程中应注重德育环境教育功能的自然化和情景化，注重创设情境和氛围促使个体产生内在的需要和情感上的共鸣，让物质环境、精神环境在不知不觉中对学生发挥教育作用，从而实现环境育人的目的。因此，学校德育的信息输出，应融于学校的一切活动中，尽可能以自然的方式出现。首先，要重视科学规划校园建设，创建一个优美的校园环境，以陶冶学生的情操，激发学生的学习热情，从而对大学生进行"无声"的教育。其次，要加强优良校风、学风建设。通过从严治校、改进领导作风、建立健全规章制度、狠抓教学秩序和考场纪律等确立符合学校传统和特色的校风学风，形成无形的舆论力量和精神力量，从而促进适合学生发展的良好校园环境的形成。再次，要组织丰富多彩的校园文化活动，活跃学生课余生活。通过融政治性、学术性、知识性、健身性、娱乐性、公益性等特征的各类文化活动，有意识地创建一种有利于学生发展的良好文化氛围和教育情境。最后，要重视宣传工作在校园文化建设中的重要作用。要坚持以团结、鼓动、稳定、正面宣传为主的方针，突出主旋律，发扬正确的舆论导向作用，大力发展先进文化，加强社会主义精神文明建设，改造落后文化，抵制腐朽文化，加强校园环境管理，增加一些硬件设施，充分发挥好校园广播、宣传橱窗、院报校刊等文化教育的作用。

三、高校德育环境建设的实践探索

前面我们从理论角度系统分析了德育环境的内涵、结构、理论基础和构建策略等，然而，用系统论的方法来审视高校德育环境，如果孤立地看待各种标准的划分不利于对其进行合理地把握。对高校德育环境应该进行正确的定位，它包括物质性的硬环境和精神性的软环境两大方面。下面本书拟从硬环境和软环境两个方面具体提出高校德育环境建设的构想。

（一）硬环境建设

高校德育的硬环境既是学生生存发展的空间，又是他们的精神家园。学校的师生员工是校园环境建设的主体，他们自己创造、建设、美化的校园环境，身临其中倍感亲切也倍加珍惜，这是最微妙的德育领域，也具有奇特的感染力。建设好高校德育硬环境，使之从一般的物质环境优化为有育人功能的德育环境，往往会使这些物质环境因素成为影响学生思想感情、道德行为的重要外部力量。高校德育的硬环境建设一般包括以下内容：

1. 校容校貌建设

校容校貌是学校外部形态、整体面貌的综合表现。首先，学校要围绕育人的根本目的，利用环境学和教育学的基本原理，结合美学、建筑学等各种学科知识，潜心设计，合理布局，精心雕琢一个学校的校容校貌、校内各种建筑及设施等物质实体的构成空间，努力使每一幢楼、每一条路、每一棵树、每一片绿荫都能寄情含意，使之体现一定的价值目标和审美意向，体现校园环境的熏陶作用和潜移默化的力量，同时也体现学校的文化底蕴和治校理念。学校在校园环境的具体建设中，要因地制宜，富有个性和特色，在高等教育国际化的大背景下，更要体现中西文化的交融与碰撞。其次，校园环境建设还要体现严谨的科学精神和自由的学术氛围,教室、实验室的设计要宽敞明亮、充满现代化气息,各类学术报告厅要错落有致,英语角、生物角、读书廊等要小而精致,随处可见,使师生员工在欣赏、享受美的环境的同时,又能领略到奋发有为的时代感、增长知识的紧迫感、创造财富的自豪感。最后,校园环境建设还要充分考虑青年学生的个性特点和成长需要。当代大学生思想活跃、解放,富有创造性和生活激情,但同时他们也追求个性、崇尚自由、抵制循规蹈矩,有的还会自由散漫、不遵规守纪,因此校园的环境设计要把学习氛围和生活氛围结合起来,把轻松愉快的氛围和严肃的制度、纪律约束结合起来。既重视学习环境的建设,也要重视生活环境的建设。如,有些高校的大学生活动中心是校园最亮丽的风景线,好多高校越来越重视学生生活园区的建设,不断改善住宿条件等,都有助于学生的健康成长。此外,校园显眼之处应有校训校风,处处应有规章制度。这既符合社会主义现代化教育目标,也从一个侧面反映了学校的精神文明水平和学校现代化管理思想与水平。

2. 基础设施建设

基础设施建设是德育活动得以正常运行的必要的物质条件。大学生的学习和生活离不开必要的基础设施。如,设备齐全的宿舍、食堂,先进的学生文化娱乐活动中心、体育活动中心、演讲厅、图书馆、电教馆,等等,可以给大学生的学习生活带来便利,既节省时间,又提高学习效率;同时这也是在对青年学生进行一种面向世界、面向未来、面向现代化的教育,有利于激发学生为追求美好生活而努力学习的动力。为此,首先要引导大学生自己动手,创建优美的校园环境。如,组织大学生在校园植树种花,实行美化校园责任制,建立"共青团林""院系责任区",等等,营造一个人人参与校园美化和管理的氛围。其次,信息技术作为一种现代化的科技手段,为德育提供了高端的知识信息平台,丰富了德育的素材,成为德育重要的外部影响条件。因此,高校要重视信息系统设施建设,如图书馆的信息系统建设,其他以信息技术为媒介的服务系统、管理系统建设等都是信息系统建设的重要方面。当前,要特别重视网络系统的建设,对网站的设计既要有很强的政治导向性,又要有很强的吸引力,力求增强美观教育效果。总之,高校要适应信息技术迅猛发展的时代要求,强占网络空间,有效利用网络虚拟世界,更好地开展德育工作。最后，大学生活是社会生活的部分缩影，高校在基础设施建设中要更多地关注学生的生活空间，同时为学生提供丰富多彩的校园生活、完善学生生活空间、促进大学生全面发展。因此，对学生活动场所的系统性建设是高校德育环境基础设施建设中的重要方面。学生生活场所的建设必须从系统性角度着手，围绕学生个体全面发展的各方面需要的整体性特征，在建设中关注人性化设计，突出隐性教育特征，把具有德育内涵的因素巧妙合理地安排在实际建设中，从而激励感染学生，促使学生养成良好行为习惯和德行品质。

3. 德育基地建设

面向生活世界是高校德育的新视域。当前高校德育仍面临与现实生活相脱节的现象，学生一般在学校里以学习科学文化知识、全面培养自身的素质为主，而很少接触社会生活。这就造成学生对现实生活的适应能力不强，缺乏对社会现实问题的综合判断力和分析力，从而缺乏树立积极的人生观和价值观、养成良好德行的土壤。因此，高校德育必须和社会相接轨，不但要向学生传授实用性知识和技能，还要通过建立广泛的校内外基地来培养学生的实践技能和交往能力，为提升学生的德育品质提供良好的环境氛围。这一可塑性环境的开辟对高校德育意义深远。它作为校内外德育实施的中间环节，既拓展了高校德育的实践空间，同时又在德育实践中，为社会德育提供了积极的价值引导和知识贡献。具体来说，在校内，可以通过设置与一定德育课程相关的模拟情境来深化知识、实际问题，如模拟法庭、模拟社区、模拟公司等。在校外，高校应和相关企事业单位、政府职能部门及一些社会机构共建社会实践基地，加强学校和其他社会组织的双向互动，如爱国主义教育基地、共建社区、产学研基地、各种实践基地等。

（二）软环境建设

高校德育的软环境主要指影响大学生思想品德形成与发展的各种精神及制度因素，这些因素大多是在德育形成和发展过程中自觉构建、自然形成的。在德育环境中，硬环境是德育环境建设的基础，软环境是德育环境建设的核心和灵魂，也是学校精神文明建设的重要内容。软环境之所以能在大学生品德发展中发挥重要作用，是因为它不仅集中反映了学校精神风貌，反映了校园文化特征以及目标追求、价值体系，而且还由于各种软环境因素中的积极因素是通过学校师生共同实践并经过历史的积淀、选择凝练而成的，它所倡导的道德价值已浸透在校园内的各种环境因素和人文因素之中，会使学生在不知不觉中受到教育和熏陶，成为其自觉成才的稳定的推动力量。高校德育软环境是一个完整的系统，包含诸多相互联系的构成因素。总体来说，德育软环境建设主要包括人际环境建设、文化环境建设、制度环境建设、心理环境建设等。

1. 人际环境建设

人际环境是高校德育环境的一个重要因素，从某种意义上说，人际关系也是校园文化的一种体现。良好的人际关系不仅可以使学生全身心地投入学习，促进学生奋发向上，还有助于大学生形成良好的集体意识，形成一种向上的群体规范，是促进大学生健康成长的一种无形的巨大的力量。

师生关系是高校最基本的人际关系，它时刻影响着教育过程和结果。师生关系融洽和谐，就会取得最佳的教育效果。反之，如果师生关系紧张，甚至对立，教师就很难对学生施加影响。创造和谐的师生关系，一方面教师要起主导作用，要具有较高的师德修养，精湛的教学艺术，良好的外表形象，只有具备扎实的知识、能力素质和工作水平，才能赢得学生的尊重和信服，同时，教师要热爱学生，尊重学生，做学生的知心朋友，赢得学生的信任。另一方面，学生也要做到尊敬教师，勤学守纪，双方共同努力，才能建立起和谐的师生关系，出现乐教乐学的生动局面。

学生间的人际关系，既影响学生的健康成长，也影响优良集体的形成。教师要有目的地加以引导，强调学生间的理解、团结、互助，鼓励学生充满自信、公平竞争、大度为怀，提倡学生间学习上互帮互学，共同进步。同时要重视学生的心理疏导，帮助他们解除因人际关系而造成的各种心理烦恼，正确地引导学生在团结友爱、相互尊重的气氛中健康地成长。

2. 文化环境建设

文化环境也是重要的软环境因素，良好的校风、班风是文化环境的主要内容，它能约束每个成员，逐渐使自己的行为、态度趋同于校风班风体现出的价值规范。教师是这个团体的"公民"或成员，起着促进学生道德发展的引导作用，每个学生都有自由发表意见的权利，学校和班级事务采取直接的民主管理，让每个学生投票表决决定。柯尔伯格旨在通过建立良好的学校道德气氛来发展学校的道德行为，而良好的道德气氛的建立需要教师的道德引导与民主精神、学校组织制度的公正合理、班级团体舆论的正确导向。集体是一个熔炉，能把生铁炼成钢，也可能是个染缸，给学生以不良影响。学生在集体中，思想行为容易受到集体舆论的制约和同化，心理学上称之为"从众心理"。因此，学校要重视文化环境的建设，尤其校风、班风的建设。

加强文化环境建设，首先，学校要培养正确的集体舆论。学校要通过多种教育途径，提高学生的思想认识水平及明辨是非的能力，帮助学生树立正确的世界观、人生观、价值观，养成良好的道德行为习惯。其次，学校要根据社会发展要求及自己的实际情况、办学特点，提出校训和奋斗目标，并通过开展先进个人、先进集体的评比活动，在全校形成比、学、赶、帮的良好氛围。最后，学校要加强作风建设，包括领导的作风、教师的教风、学生的学风建设。学校领导在加强自我修养、提高自身素质的同时也需要保证在学校的各项工作以及执行各项规章制度中发挥好带头作用。广大教师要以高度负责的责任心、率先垂范、言传身教，以良好的思想、道德、品质和人格给大学生以潜移默化的影响。广大学生要努力按照李克强总理提出的"当代大学生要有钻研学问的精进态度，学好基础知识，提高基础本领，筑实基础研究，在学习中不仅要向书本学习，也要向实践学习。与此同时，也应鼓励勇于打破常规创新创业的开拓精神"的要求勤于学习、善于创造、甘于奉献，成为有理想、有道德、有文化、有纪律的社会主义新人。总之，教师高度的事业心、责任感和无私奉献的精神以及学生远大的理想抱负、开拓创新精神会使整个校园充满一种浓厚的积极向上的文化氛围。

3. 制度环境建设

要使德育活动能有效开展，就需要严格完善的管理，使其在一定的秩序下进行，以便从约束和调整学生的行为着手达到优化德育环境的目的，如果学校管理不严格，规章制度不健全，纪律松弛，秩序混乱，就不能有效地实施德育活动。因此，制度环境建设也是高校德育软环境建设的重要内容。要着重校规校纪建设，完善学校各项规章制度，以形成井然有序的管理氛围，使学生感受到这种氛围并自觉按照要求去规范、约束自己的行为。学校应遵循教育规律，以教育方针和教育法规为指导，以培养"四有"新人为目标，建立和健全各种规章制度。在制度的建设过程中，应着重考虑以下三个方面：

一是规章制度应该是全方位的，做到事事有章可循，如行政管理制度、德育管理制度、教学管理制度、后勤管理制度、内部体制管理制度等；二是规章制度的内容具体明确，操作性强，且要符合学校的实际及各项工作的需要，切忌空洞乏力；三是规章制度制定后要严格执行，纪律严明，赏罚分明。通过制度环境建设要形成自我激励、自我约束、自我管理的制度文化环境。同时要建立一个完善的管理网络，保证德育管理制度的落实，做到分工明确，职责分明，考核到位。

总之，一个管理有序、制度健全的校园环境，总是充满着向上的朝气，学生往往会注意自己的言行举止。因此，管理并不是消极的约束，而是培养学生良好的行为习惯和作风、促进学生全面发展的育人手段。通过制度环境建设，可以创造出使教育得以发挥作用的良好环境，从而促使学生自觉养成良好的道德习惯和道德行为。

4. 心理环境建设

当代大学生作为一个特殊的群体，他们面临着怎样的心理环境以及他们的心理是如何成长的，这是高校德育面临的重要问题。心理环境建设不仅直接关系到个体正常的成长和心理健康，也影响、制约着高校德育的发展。因此，在高校德育环境的建设过程中，应该根据当代大学生的心理个性特征，在发展他们自由个性的同时，进行正确的心理引导和合理的心理疏导。心理环境建设要以高校这个共同体为范围，通过必要的心理健康知识传授及行之有效的引导、疏导工作，给学生以心灵的归属感和精神的慰藉，创造良好的心理环境，让学生在学校内养成良好的心理素质，从而健康成长。

高校德育的软环境作为高校德育的独特氛围，从各个方面影响、改变和塑造大学生的认识、情感和行为。大学生能否树立正确的世界观、人生观、价值观和道德观，很大程度上受到他们所处的现实环境的影响和制约，而其中高校德育软环境的作用与影响尤为突出。因此，高校应当把德育软环境建设提高到一个新的高度来认识，并采取切实有效的措施加强学校德育软环境建设，努力营造一个优良的学校德育软环境。

第八章 高校德育的实践途径

第一节 高校德育与社会环境的适应优化

系统科学理论认为，系统的内聚吸引、合作、相互作用的普遍现象，是由系统内部诸要素的差异与协同来完成的。高校德育系统要对大学生思想道德素质的培养产生内聚吸引、合作和相互作用，就必须使高校德育适应并优化社会环境，使高校德育系统内部各子系统协调互补，使高校德育系统内部各要素优化组合。

高校德育是一个开放系统，要与社会环境不断进行物质、能量和信息的交换，与社会环境有着千丝万缕的联系。随着社会环境的发展变化，高校德育也要发生相应变化以适应社会环境，在适应社会环境中发展自身，在自身发展中优化社会环境，达到与社会环境的协同发展。

一、高校德育在适应社会环境中发展

高校德育要走出"孤岛"效应，必须以开放的思维和积极的态度对待社会环境，疏而不堵、因势利导，利用社会环境加强教育。高校德育不能消极被动地适应社会环境，而要积极主动地适应社会环境。高校德育要增强主体性，使自身在适应复杂的社会环境中得以发展；增强耗散性，使自身在适应开放的社会环境中得以发展；增强预示性，使自身在适应不确定的社会环境中得以发展。

（一）增强主体性：高校德育在适应复杂的社会环境中发展自身

与传统社会相比，现代高校德育面临的社会环境是非常复杂的。思想道德教育环境的复杂性，是由影响因素的广泛性，影响因素的易变性，影响性质的多重性，影响方式的多样性决定的。影响高校德育和大学生思想行为

的因素是极其广泛的：既包括自然环境也包括社会环境；既包括经济环境、政治环境，也包括文化环境；既包括历史环境也包括现实环境。高校德育环境是多要素构成的，各要素相互作用、交织叠加，越来越难以划界。影响高校德育和大学生思想行为的环境因素变化速度加快。随着科学技术的发展，人们认识和改造环境的手段和能力得到前所未有的提高，社会经济、政治和文化飞速发展，尤其互联网的发展加速了信息的产生和传播速度。影响高校德育和大学生思想行为的因素具有多重性质。社会环境中既存在健康向上、催人奋进的积极因素，也存在悲观消沉、使人颓废的消极因素，这些不同性质的因素混杂在一起，难以完全分离和过滤。影响高校德育和大学生思想行为的方式是多样的，有教育与环境因素的相互双向影响，也有环境因素对教育的单向影响方式；有直接的影响方式，也有间接的影响方式；有广泛的、普遍的影响方式，也有个别、特殊的影响方式；有深入持久的影响方式，也有浅层偶尔的影响方式；有真实的影响方式，也有虚假的影响方式。

混沌理论告诉我们，混沌系统对初始条件是非常敏感的，初始条件的微小变化可能导致不成比例的巨大后果。因此，社会环境中的微小变化都可能对大学生的思想行为产生巨大的影响。大学生生活、学习、交往的范围和领域不断扩大，与此相关的因素都可以影响他们的思想和行为，这些因素稍有变动都可能成为干扰源，使他们的思想产生混乱，行为无所适从。在全球化和信息化时代，社会环境这个信息源犹如一部无线电发射器，发射的信息频带越来越宽，可供选择的正信息增多，渗入的负信息也随之增多。负信息成为大学生认同高校德育内容的干扰源，干扰大学生的思想行为，使他们迷惘困惑，无所适从。在复杂多变的社会环境中，高校德育更要坚持主体性，对社会环境中的信息加以鉴别和选择，对负信息要分析其错误之处、揭露其危害之处，用正信息引导大学生，增强他们对社会环境的认识和把握能力，使他们在复杂多变的社会环境中做出正确的选择。

（二）增强耗散性：高校德育在适应开放的社会环境中发展自身

与传统社会相比，现代高校德育面临的社会环境是开放的。在空间上，影响大学生思想行为的社会环境是没有固定界域的开放环境，有宏观的经济、政治和文化环境，有微观的家庭、学校和社区环境，有国内社会环境，有国外社会环境，有现实社会环境，有虚拟社会环境，这些社会环境的宽泛程度难以确切估计。尤其大众传媒环境和网络环境对大学生的吸引力、影响力不断增强，大众传媒利用各种手段制作和播出具有诱惑力的节目，互联网对各种新鲜刺激信息、感官信息、娱乐信息的即时快速传播，都有效地吸引了大学生的眼球。

大学生的思想系统是远离平衡态的开放系统，通过与外界进行物质、能量和信息的交换，接受各种外界信息的刺激，产生思想矛盾，通过涨落，产生新的思想认识，新的思想认识又会输出到社会环境中。在开放的社会环境中，大学生掌握的信息内容往往比教育者还多，高校德育如果采取"堵"的方式，仅仅对大学生传递正面的知识和信息来压制他们的思想行为，恰恰会适得其反。如果给大学生输入大量杂乱信息，而不让他们输出信息，就会使他们思想混乱。思想的输出可以让大学生产生一定的满足感和价值感，思想的输出又会带动思想的输入，增强思想的耗散性，加强思想系统的稳态运转。环境的开放和人的流动空间的扩大，要求思想政治教育也相应地改变封闭的观念和工作方式，代之以开放的观念和工作方式。教育者要通过组织讨论、写论文、调研、社会实践等多种形式，积极鼓励和引导大学生输出思想成果，向社会环境中输出积极有益的思想观念，增强高校德育的渗透力和辐射力，使高校德育与社会环境之间形成合理的张力。

（三）增强预示性：高校德育在适应不确定的社会环境中发展自身

市场经济的竞争使社会环境中的不确定性因素增多。在市场经济社会，竞争已经遍及社会的经济、政治、文化、科技、教育等领域，竞争已成为现代国家、民族、群体和个人都无法逃避的必然选择。竞争的开放性意味着人类活动领域的扩大，竞争的全球性导致物质资源在全球范围内流动和展开，竞争的自由性导致物质资源和各种利益关系的多样和多变。竞争带来的开放、流动、多样的社会环境，为个体的自由选择和自主发展提供了机遇，但竞争中的不确定因素为个体的发展带来难以避免的风险。

现代社会的各种人为风险使社会环境中的不确定性因素增多。传统社会是相对封闭的、变动缓慢的，人们做事的参照系是习俗、经验、惯例等确定的东西，人们遇到的几乎每一件事情都可以从过去的经验中找到解决的方法，知道该做什么，不该做什么，什么时候能做，什么时候不能做。习俗、经验、惯例成为个体行动的外在条件和动力源泉。而在现代社会，人们的日常生活不再具有"日出而作，日落而息"的固定程式和不变性。而面临着诸如技术风险、诱惑风险、环境风险、战争风险等各种人为风险，人为风险的存在为未来发展增加了许多不确定性因素，这些不确定性因素恰恰为变化求新创造了条件。

在激烈竞争和人为风险存在的社会环境中，大学生只有认识不确定性、把握不确定性的内在规律性，才能把不确定性因素转化为确定性因素，抓住发展机遇。把不确定因素转化为个体发展的机遇，转化为个体发展的竞争优势，往往是瞬间的事情。因此，高校德育要提升大学生的机遇意识，培养大学生及时把握机遇的能力。大学生要将未来的不确定性因素转化为发展机遇，要能够面向社会、面向未来，预示事物发展的方向。从客观上要求高校德育增强预示性，对社会发展规律及其对人产生的影响提出前瞻性的预见，并使大学生形成自我判断和自我选择的能力。

三、高校德育在自身发展中优化社会环境

社会环境作为一种自发影响，总是良莠不齐、好坏并存，从来都不存在绝对好或绝对坏的环境。人是有能动性的，既不能对社会环境的不良影响抱怨不已，也不能对社会环境的不良影响心安理得，而应该克服对社会环境的依赖意识，确立对社会环境的自主意识。所谓自主意识，就是主体对环境的独立意识，而不是盲从意识；就是主体对环境的主人意识，而不是奴役意识；就是主体对环境的驾驭意识，而不是屈从意识。高校德育的社会环境是一个极为广泛而复杂的系统，不同层次的社会环境要素交织叠加，综合影响大学生的思想行为。社会环境是高校德育生存和发展的必要条件，高校德育如果丧失了对社会环境的自主意识，就必然在社会环境中随波逐流，飘忽不定，被社会环境所主导。因此，高校德育要遵循趋利避害的原则，对社会环境中的复杂因素进行分析与鉴别，努力选择和发展有利的环境因素，避开或转化不利的环境因素，不断优化社会环境。

（一）高校德育的发展是优化社会环境的基础

高校德育要通过增强主体性、耗散性和预示性，使自身得到发展，才能使人们认同它的价值，增强其对社会环境的影响力度，为优化社会环境创造有利条件。

1. 认同高校德育的现代价值是优化社会环境的基础条件

随着社会环境的发展，高校德育的价值逐渐从过去单一的政治导向和政治保证功能，发展到经济功能、预测功能、开发功能、享受功能等更适合社会发展和个体发展需求的层面。大学生对高校德育现代价值的认识逐渐深刻起来，如果高校德育能渗透到专业教育，指导大学生的职业生涯规划，为大学生自我实现提供方向和动力，他们就会自觉自愿地接受德育内容，将德育内容内化为自身的思想意识，外化为实际行动，向社会环境辐射和渗透先进思想、先进文化，为优化社会环境奠定坚实的基础。

2. 增强高校德育对社会环境的影响力度是优化社会环境的必要条件

从教育与人的关系来看，随着教育的发展，教育对人的身心发展、智力发展和思想道德发展的影响力度越来越强。从人与环境的关系看，随着人们掌握的科学知识和人文知识逐渐增多，人类对社会环境的影响力也越来越强。教育对人的影响力度增强，人对环境的影响力度增强，因此，教育对社会环境的影响力度增强。高校德育只有不断发展自身，才能提升大学生的思想道德素质，有效规范大学生的行为，为社会输送大批坚持社会主义核心价值观的合格建设者和可靠接班人。这些在各自岗位上兢兢业业、恪尽职守的建设者和接班人，能够发挥模范带头作用，感染周围的人，为优化社会环境创造必要条件。

（二）高校德育在发展中优化社会环境的思路

当代大学生同他们父辈的青少年时期一样，也是生活在三个环境中——家庭、学校和社会。在传统社会，家庭对一个人的影响始终是第一位的。随着九年制义务教育的普及，学校对学生的影响逐渐增强。而如今，社会对学生的影响力度加大，尤其大众传媒正在超越家庭和学校成为影响大学生思想行为的第一因素。因此，优化高校德育环境主要是优化家庭环境、校园环境和大众传媒环境，尤其应以优化大众传媒环境为重点。

1. 建立家校联动机制，优化家庭环境

大学生的思想行为最先受到家庭的影响，父母的思想觉悟、道德品质、性格气质、为人处世等都会对他们产生直接的、深刻的影响。在家庭成员之间自然频繁的交往中，父母的思维方式、行为方式、生活方式和情感表达方式等为他们提供了第一参照系和最感性的示范。大学生人格的起点不是学校显性教育的结果，而是家庭教育隐性渗透的结果。在积极向上的家庭氛围中长大的大学生，更具有上进心，积极参与社会事务，关心国际国内事务。在平等和睦的家庭氛围中长大的大学生，更能平等待人，关爱他人，自由发展，形成健全的人格。温暖和谐的家庭有助于发展孩子的健全人格，冷漠暴力的家庭容易使孩子形成消极回避甚至扭曲的心理状态和个性特征。一些大学生产生的诸多心理健康问题与童年时期不健康的亲子关系相关，他们在现实中遇到挫折尤其情感挫折时，就容易唤起童年时期的创伤性记忆，不知不觉就会出现消极情绪甚至过激行为——伤害自己，伤害他人。因此，父母应该有意识地营造温馨和睦的家庭环境，采取科学的教育方式培养孩子形成正确的价值观和积极的人生态度。家庭是社会的细胞，家庭环境的优化将为整个社会环境的优化奠定基础。

优化家庭环境，不仅父母有责任，学校也有责任，而且学校也可以有所作为。高校可以建立家校联动机制，成立学校领导、党团干部、辅导员、班主任、任课教师、家长委员会等组成的"家校进步共同体"。通过校园网及时向家长宣传国家的有关法律法规，宣传学校的工作，辅导员、班主任、任课教师可以通过QQ群、微博等及时向家长告知学生在学校的生活学习情况，反映他们成长过程中出现的新情况、新问题，及时回答家长关心的问题。通过学校与家长的沟通，家长既可以更好地了解子女的学习和生活状况，也可以更好地与子女沟通交流，形成平等交流亲子关系，营造出温馨和谐家庭环境。

2. 加强校园文化建设，优化校园环境

大学校园环境是高校为培育人而有意识创设的育人环境，是实施教育活动不可缺少的重要资源，是一种潜在的教育因素。校园环境包括物质环境和精神环境。优美的校园环境能够愉悦学生的身心，激发学生的自豪感和自信心；先进的教学设备能让学生领悟到高科技的魅力，激发学生的求知欲望；现代化的图书馆能让学生了解专业领域的前沿研究，激发学生的研究欲望。良好的校园环境是一种道德力量，这种力量以某种特有的潜在作用促进大学生自觉自愿地按照校纪校规的准则调节和规范自己的行为，潜移默化地陶冶着大学生的思想情感，提升着大学生的精神境界，完善着大学生的道德品质，激励着大学生奋发向上。良好的校园环境能够提供正确的价值导向，将师生员工凝聚为一个蓬勃向上的共同体，催人奋进，升华精神。校园环境尤其校园精神环境的优劣，直接影响着大学生素质的发展。因此，要加强校园文化建设，优化校园环境，发挥环境育人的功能。

校园文化建设包括物质文化建设和精神文化建设，物质文化建设为精神文化建设提供必要的基础，精神文化建设为物质文化建设提供方向。校园文化建设的重点是精神文化建设，尤其要通过开展内容丰富多彩、形式灵活多样的校园文化活动来建设校园精神文化。丰富多样的校园文化活动符合大学生好奇、好胜、好学的特点，是大学生乐于接受并自愿参加的活动形式。大学生通过参加文明修身活动将良好的心理素质、深厚的道德涵养、崇高的理想信念和文明的行为举止统一起来，通过参加学术科技活动养成崇尚科学、追求真知、勇于创新、锐意进取的习惯，通过参加文体艺术活动养成既竞争又合作的精神，通过参加志愿服务活动深入领会和认同社会主义核心价值观，通过参加创新创业活动提高创新精神和实践能力。大学生在参加各种校园文化活动中，使自己真正"动"起来，在琐碎的实际工作中提高适应社会的能力，在互相配合中提高合作能力，在自我教育、自我管理中主动成长、自由发展。通过举办丰富多样的校园文化活动，营造出富有朝气的、充满活力的、积极进取的校园文化氛围，"润物细无声"地滋润着大学生的心灵。

3. 加强舆论引导，优化大众传媒环境

大众传媒肩负着新闻传播和思想宣传的任务，影响着人们的价值取向。因此，大众传媒要坚持正确的舆论导向。在现时代，加强舆论导向建设就是要坚持以马克思主义中国化理论为指导，以社会主义核心价值体系为引领，以社会主义荣辱观为基础，大力发展先进文化，支持健康有益文化，努力改进落后文化，坚决抵制腐朽文化。大众传媒的报道应立足主流，弘扬主旋律，以民族精神和时代精神鼓舞大学生的斗志。另外，要建立一批针对大学生的优质教育传媒，满足大学生精神文化生活的多样需求。

高校德育要利用大众传媒的信息资源丰富德育内容，借鉴大众传媒的传播方式改进德育方式。长期以来，高校德育无视大众传媒中的各种信息，教育的信息量极其有限，教育内容陈旧、枯燥、乏味、缺少变化，不能与大学生产生思想共鸣。高校德育要充分挖掘大众传媒中的教育资源，尤其要挖掘新媒体中的教育资源，充分利用新传媒的有益信息。新媒体能快速及时地传播每个人都基本可以看懂听懂的、图文声并茂的各种信息，这与大学生喜欢追求新奇、追求个性的心理特征相吻合，比较容易刺激大学生的神经系统，激发大学生的求知欲望。长期以来，高校德育没有形成有效的信息传递，原因之一是重理性轻感性，重理论轻实践。马克思主义认为，感性思维上升到理性思维确实是认识过程必需的，但如果没有对一个个生动的感性存在的认识，就无从有理性思维。如果高校德育只重视理性思维，而忽略从个别的感性的实际存在出发去分析对象的特殊性，就会滑入教条主义的泥淖，陷入只唯书的空谈阔论中。高校德育需要寻找感性触觉点，充分利用好大众传媒中形象、生动、直观的材料，吸引大学生的注意力，刺激大学生的感性思维，用马克思主义理论对这些感性材料进行理性分析，调动大学生的理性思维，使大学生对教育内容从感性认识上升到理性认识。大学生可以更理性地选择大众传媒中的精华，摒弃吸引眼球的糟粕，光靠吸引眼球的大众传媒会越来越没有市场，这就迫使大众传媒通过提高文化品位来增加发行量和点击率。

第二节 高校德育子系统的协调互补

任何系统都不是各组成部分的机械组合或简单相加，而是一个有机整体，系统的整体功能是各要素在孤立状态下所没有的新质，即整体是大于部分之和的。高校德育系统的整体功能要最大限度地发挥出来，各子系统之间必须做到协调互补，产生耦合效应。

一、功能耦合的含义

系统内部各子系统之间是非平衡、非线性的，这种非平衡、非线性可以使系统功能产生协同放大的效应。系统的非平衡性决定了系统内部物质、能量、信息的差异性，这种差异性的相互作用使系统要素之间与子系统间具有动态的非线性作用，而这种非线性的相互作用导致差异系统协同放大，并促使有序结构的迅速形成，以实现系统整体优化目的。协同放大是指开放系统内部子系统围绕系统整体的目的协同放大系统的功能，协同放大原理说明系统内部各子系统之间能够形成功能耦合的效应。

耦合是物理学的一个基本概念，是指两个或两个以上的系统或运动方式之间通过各种相互作用而彼此影响以至联合起来的现象，是在各子系统间的良性互动下，相互依赖、相互协调、相互促进的动态关联关系。一切开放的整体系统都具有自我调节功能，其各个子系统是互相生成、互相依赖、互相作用的，各个子系统之间往往会形成功能耦合。一个系统的有机性越高，各子系统的关联越密切，整体性越强，这种功能耦合的因果循环也越稳定。一个系统要达到整体目标，就必须从整体出发，调整各子系统的功能与目标，以达到系统整体最大限度的相互适应与总体最佳。一个子系统出了问题，系统活动都可能中断。一个子系统薄弱，即成"瓶颈"，就会影响整体的功能和效应。

高校德育系统是教学系统、管理系统和服务系统以一定的方式组成的结构或功能统一的整体，三个子系统围绕教育目标相互影响，通过非线性的相互作用产生协同效应。在高校德育中，必须考虑教学系统、管理系统和服务系统之间相互作用，忽视他们之间联系就不能实现功能耦合的最佳效果。

二、教学系统、管理系统、服务系统的功能耦合

高校一切工作都要以学生为本，坚持"一切为了学生，为了学生的一切"的教育理念，做到教学育人、服务育人、管理育人。高校德育各子系统，即教学系统、管理系统和服务系统之间既相互制约又相互促进，三者要统一到"育人"这个焦点上，才能产生功能耦合效应。

（一）教学系统、管理系统和服务系统的功能耦合点——育人

在传统的科层管理中，高校组织机构按照职能划分为各个专门的部门，其职能划分得过细，使得教学、管理、服务和育人分割开来，从而使得个人或部门往往用简单的观点解释各种事件。如果学生出现思想行为问题，大家往往简单地将其归咎于专职德育部门的"无能"和"无力"，教学系统的专业教育、管理系统、服务系统则可以不承担任何责任。高校德育系统是一个复杂系统，复杂系统的基本特性是"因""果"在时空上的分离，事实真相与我们习惯的思考方式之间，有一个根本的差距。要修改这个差距的第一步，是撇开因果在时间与空间上是接近的观念。在现实中，大学生的思想行为问题往往是由于环境的变化、大学扩招、学业就业压力过大、行政部门的官僚化、后勤服务部门的市场化等原因造成的，如果只是一味对专职德育人员施加压力，通常是没有功效的——短期也许会有所改观，长期却会使事情恶化。如果用系统思维分析，大学生思想行为出现问题不仅与专职德育人员有关，

也与专业教师、管理者、服务者有关。

高校德育系统的三大子系统——教学系统、管理系统和服务系统，如果结构合理，就能发挥协调与互补的功能，实现"育人"的功能耦合效应。高校提出"三育人"的工作理念，"三育人"是指教师、干部、职工分别在教学、管理、服务工作中，共同创造一个良好的育人环境，承担育人的责任，使学生得到全面、健康的成长。"三育人"工作要始终把坚持正确的政治方向摆在首位，用马列主义、毛泽东思想、中国特色社会主义理论教育学生，培养有理想、有道德、有文化、有纪律的社会主义新人。在"三育人"工作中，教书育人为主，管理育人、服务育人为辅，三者相辅相成，缺一不可。教学系统、管理系统和服务系统三大系统功能耦合的聚焦点是育人。

1. 教书与育人的统一

教书和育人是一个完整教育过程的两个方面，二者相互作用、相互渗透。如果只强调教书，不重视育人，没有教会学生如何做人，那么高校向社会输送的"人才"就可能是个"危险品"；反之，如果只强调育人，不重视教书，没有教给学生专业知识和技能，没有教会学生科学的思维方法和学习方法，那么高校向社会输送的"人才"就可能是个"废品"。教育即德育，全部教育工作者都要肩负育德的职责。德育专职教师专门负责育德，专业教师只管教学就可以。在这种观念的影响下，出现了专业教师只管教书，不管育人的现象，产生了"没有教育的教学"。教学虽然是学校的中心工作，但它只是手段不是目的，学校的根本目的是育人，具体落实在教师身上，就是通过教师的教学促进学生的全面发展。教师职业道德的真谛是教书育人，育人为本。高校所有教师都要自觉承担起育人的神圣职责，重教重育，以高度负责的态度，言传身教。一名合格的教师既要重视传授知识，培养学生的专业技能，又要重视以自己崇高的行为风范感染学生，以自己良好的思想道德品格潜移默化地影响学生。要把育人工作渗透到教学、科研、社会服务中，通过各个环节发现学生思想观念和行为表现方面的各种问题，有针对性地引导学生的思想和行为健康发展。

2. 管理与育人的统一

管理是育人的重要手段。高校德育的根本任务是提高大学生的思想道德素质，把大学生培养成中国特色社会主义的建设者和接班人。高校的一切管理工作都要以实现此目标为宗旨。高校管理主要是用纪律和各种规章制度约束和规范学生的行为，使之养成良好的行为习惯。如果没有严格的管理，没有纪律和各种规章制度的约束，高校德育就会失去保证，变得软弱无力甚至成为空谈。严格的管理有利于大学生养成良好的行为习惯，进而形成正确的世界观、人生观和价值观。管理仅仅是育人的一种手段而已，因此，高校各种管理制度不应当是束缚学生发展的冷冰冰的条文，而应当有利于充分发掘学生的内在潜能，激发他们的自律意识和发展意识，引导、激励他们不断发展自我、完善自我，使他们自觉按照社会主义合格建设者和接班人的要求进行自我教育。

育人是管理的内在要求。高校管理者和管理对象都是人，这就决定了人在高校管理中的重要作用。高校管理要以人为本，实现学生的全面发展，而学生全面发展的实质就是完整地获得与展现人的本质，充分发挥人的主体性。高校管理首先要彻底改变把学生当作接收容器的观念，把关心爱护、尊重信任、平等对待学生作为管理手段的前提，把学生的身心健康成长、和谐发展作为管理效能的重要指标。高校管理不仅仅要满足学生的物质生活需求，更要满足学生的精神生活需求，关注学生的个性化需求、兴趣，利用各种制度规范加以引导使其不断趋于高品位的价值诉求，激励和满足大学生健康向上的精神追求。

管理育人在高校育人体系中起着举足轻重的作用，它既是教书育人的重要补充，又是教书育人得以有效实施的重要保障；既是服务育人得以实施的重要前提，又为服务育人提供方法上的指导。

3. 服务与育人的统一

服务是育人的重要保障。后勤服务就是要保障为大学生的成长、成才、成人创造一个良好的环境。高校后勤服务工作是学校教学、科研和师生员工生活的重要保障，不仅为大学生学习科学文化知识提供可靠的物质保证，而且为学生的全面发展提供实践条件。后勤服务员工在了解大学生的愿望，解决大学生反映的一个个具体问题，满足大学生对学习、生活和活动等方面合理要求的同时，在细致入微服务的方面，以自己的服务感染学生、教育学生。

高校后勤服务系统在提供膳食、住宿、维修、商业等各种服务的同时就在对学生进行思想道德教育，食堂、宿舍、商业网点等各种场所是学生思想道德教育的"第二课堂"。

（二）教学系统、管理系统与服务系统功能耦合的机制

"机制"原指机器的构造原理和运作原理。在不同学科、不同领域中，人们从不同角度理解"机制"，赋予"机制"以本学科、本领域的内涵和特色。在社会科学中，"机制"的引申义非常复杂，主要有几种：一是构成方式，事物作为一个整体，总是由若干要素按照一定的方式构成；二是作用方式，组成事物的各要素总是按照一定的方式相互作用；三是运行方式，按照某种方式组合在一起的各要素，通过有规律性的相互作用而引起系统整体的生成、运行并发挥功能；四是调节方式，可以建立人们所期望的对事物运行和发展最适合人的要求的调节形式；五是呈现方式，机制是两个事物间可能存在的因果关系，这种关系是经常发生的、易于识别的因果关系。虽然因果关系诱发的条件不明朗，后果呈现的方式也不确定，但总的还是希望朝着人们的愿景发展。本书将"机制"理解为一种运行方式，即指系统内部各要素之间的结构形式，以及通过要素之间的有序作用来实现整体功能的运行方式。高校德育要将教学系统、管理系统与服务系统整合起来，实现育人的耦合功能，就必须建立相应的工作运行机制。

1. 建立协调沟通机制

目前，各高校都建立了党委领导下的校长及行政系统为主实施的德育管理体制。这种体制是实施全员育人、全程育人、全方位育人的必要条件，但这一体制的效能是否能够充分发挥，取决于是否有相应的协调沟通机制来推动。这一体制的有效运行会使教学系统、管理系统与服务系统在"育人"上发挥同性同向的强化作用。

在高校德育的复杂系统中，要使教学系统、管理系统与服务系统有机地联系起来，要使各种德育信息及时传递和反馈，需要有一定的协调沟通机制。高校应成立负责协调沟通各职能部门的德育机构——学校德育工作领导小组，既负责纵向的自上而下的德育信息沟通，加强德育决策中心与教学系统、管理系统、服务系统的联系，使其及时准确地获取信息和反馈信息，又负责横向的德育信息沟通，使教学系统、管理系统与服务系统相互配合，协调一致地完成德育任务。

2. 建立考评保障机制

教学系统、管理系统与服务系统都肩负着育人的职责，都有相应的德育工作和任务，这些德育工作和任务能否落到实处，需要相应的考评机制来保障。高校要把德育工作纳入教学院系学科建设中，把德育工作纳入日常管理中，把德育工作纳入后勤服务中，通过评聘职称、职务、收入分配等政策杠杆相应地把德育任务层层分解，定岗、定职、定责、包干到人，落实到党政机关人员、专业教师、后勤服务人员等所有教职工身上。全体教职工的评优评先不能仅以业务工作为衡量标准，必须与"育人"挂钩，采取一票否决制，即有违纪违法、不良品行的教职工不管其业务工作有多突出都不能评优评先。在评优评先中，要将个人评优评先与集体评优评先相结合，把个人工作成绩与集体工作成绩紧密联系在一起，从而使学校各部门在"育人"工作中形成协调合作的竞争局面。采取奖优罚劣的激励机制，有利于调动全体教职员工"育人"的积极性，激发他们"育人"的创造性，挖掘他们"育人"的潜力。建立考评保障机制，可以使教学系统、管理系统、服务系统由板块式结合变为渗透式结合，使耦合育人任务落到实处。

3. 建立自教自律机制

全体教职工都具有主体性，要充分信任他们具有"育人"的能力和愿望。过去，我们总是把教职工看作消极、被动的客体，不注意发挥他们的主体性。但教职工是活生生的生命存在，是有自尊心、自信心和主体精神的人，他们不是消极被动地接受学校管理，而是选择性地接受管理、创造性地挑战工作。考评保障机制是教职工自教自律的必不可少的外在条件，但它毕竟不是教职工的自主育人行为。要把"育人"的要求转化为教职工的内在思想和德行规范，还要通过它们的认知、情感、意志的思维活动和自教自律的方式才能实现。教职工大多是知识丰富、思维敏锐、眼界开阔、思想超前、人格独立的主体，管理者应该充分信任他们，采取民主平等、合作互动的方式与他们充分沟通，使他们全身心地投入育人工作中。自教自律使教职工的思想和行动富有生机与活力，使他们将外在的德育任务自觉内化为自身努力的目标，真正做到用"心"育人。建立自教自律机制，教师才能真正把知识教育、思想教育、启迪智慧三者高度统一起来，自觉实践"教书育人"的理想。建立自律自教机制，管理者才能真正做到关心、爱护学生，设身处地为学生着想，真正将育人工作渗透到解决学生实际问题中。建立自律自教机制，服务人员才能真正从学生的学习和生活需要出发拓展服务内容、转变服务方式，真正做到以良好的职业道德影响学生，以优质的服务感染学生，营造出"服务学生、关心学生、爱护学生"的育人氛围。

三、教学系统内部思想政治理论课教学与专业教学的功能耦合

思想政治理论课是高校德育的主渠道，但也不能忽视专业教学（包括哲学社会科学课程和自然科学课程）对大学生思想道德素质的影响。思想政治理论课教学与专业教学之间的关系复杂，主要有以下三种情况：①专业教学中渗透德育，专业教学与思想政治理论课教学对大学生思想道德素质的形成发挥着同性同向强化的作用。②专业教学只教给学生专业知识，专业教学与思想政治理论课教学是互不相干的"两张皮"。③专业教学与思想政治理论课教学的主旨相悖，专业教学与思想政治理论课教学对大学生思想道德素质发挥着异性异向弱化的作用。第一种情况，思想政治理论课教学与专业教学产生了协同效应，实现了功能耦合；后两种情况，思想政治理论课教学与专业教学没有实现功能耦合。

（一）思想政治理论课教学与专业教学功能耦合的可能性

1. 思想政治理论课教学以意识形态性和政治性为主要特征

在阶级社会中，占领了物质生产资料的统治阶级为了维护自身利益，就要进行思想的生产与分配，统治阶级进行思想生产与分配的重要途径之一是德育。在任何阶级社会里，都存在德育，其实质和目的都是要论证统治阶级统治的合法性和合理性。在我国，思想政治理论课教学是高校德育的主渠道。意识形态性是思想政治理论课教学的根本属性。思想政治理论课教学在很大程度上是进行意识形态教育和政治教育的，而不是一般的知识教育或学术教育。我国的社会制度是中国共产党领导的社会主义制度，因此，思想政治理论课教学必然将社会主义意识形态作为主导性内容，以论证社会主义制度的合法性和维护中国共产党的领导，让大学生树立科学的马克思主义观，坚定中国特色社会主义的政治方向，认同社会主义意识形态。

2. 哲学社会科学课程具有意识形态性和政治性的特点

哲学社会科学与人的活动直接联系在一起，它要研究人与人、人与组织、人与社会之间的关系，要解释各种社会现象发生的原因和发展变化规律，要

对社会发展变化做出应然判断，即"应该是怎样的"。不同的人，为达到不同目的，对同样的社会现象做出不同甚至相反的结论。这说明，哲学社会科学课程具有鲜明的意识形态属性。任何一个社会都是在特定的社会制度中运行和发展的，执政党都会确立维护自身经济基础的上层建筑和反映执政党政治倾向的意识形态。灌输与宣传反映执政党政治倾向的意识形态的一个重要途径就是通过哲学社会科学课程的教育实现的。意识形态性是在思想和精神上反映执政者的主张和导向，政治性是要求人们在思想和认识上与执政者保持一致，这两个方面都会在哲学社会科学课程中体现出来。意识形态性与政治性本质上的一致，是哲学社会科学课程同一性质的不同表现形式。哲学社会科学课程的内容不能与执政党所倡导的意识形态相悖，不能与执政党制定的政治法律制度相背，它不仅要论证执政党的合理性和合法性，而且要宣传执政党的执政理念和执政策略。哲学社会科学课程的意识形态性和政治性特点，表明它负有思想政治教育的职责。

3. 自然科学课程中蕴含丰富的人文价值

自然科学教学中也可以渗透德育内容，可以将传授自然科学知识与思想道德素质的培养结合起来。自然科学研究自然界发展的规律，有助于大学生树立科学的世界观和价值观，提升大学生的逻辑思维能力；有助于大学生正确地分析和认识社会问题。

（二）思想政治理论课教学与专业教学实现功能耦合的条件

育人是高校各门专业课程教学的题中应有之义。高校各门课程都具有育人功能，要深入发掘各门专业课程的思想政治教育资源。各门专业课程都是人类社会实践的智慧结晶，都是一代代人用生命和热情谱写的美丽乐章，都是人类文明的精华。高校教师的职责是把知识教育、思想教育、启迪智慧三者高度统一起来，自觉实践"教书育人"的理想。思想政治理论课教学与专业教学要在育人功能上实现耦合，就应在内容上相互交叉、渗透和融合。

1. 思想政治理论课教学要从哲学社会科学和自然科学中汲取丰富养料

哲学社会科学研究的对象主要是人，涉及人格、品质、情感、价值取向等问题，其中蕴含着丰富的人文精神。人文精神回答的是"应当怎样做"的问题，即应当怎样做人，怎样对国家、社会承担责任。思想政治理论课内容具有原则性、政策性等特点，这些内容要真正内化到大学生的思想中，仅仅通过宏观内容的讲解是不行的，只有将这些宏观内容与诗歌、小说、电影、电视等生动的具体内容结合起来，才会有好的教学效果。思想政治理论课教学要善于横向联系和纵向联系，把教学内容放到一定的社会背景和历史背景中有理有据地讲解，才能使大学生可感可知可践。

　　自然科学中蕴含着丰富的人文价值，它原本就是求知与求善的统一。柏拉图认为，知识是以理念为基础的，最高理念是善的理念。因此，求知与求善是统一的。亚里士多德认为，科学是探求世界必然真理的公理体系，而探求知识便是最高幸福，因此将求知与求善统一起来。直到近代科学，才将求知与求善分割开来。但是将求知与求善分割开来给人类社会带来巨大的灾难，两次世界大战后，人们又重新认识到自然科学的研究必须将求知与求善结合起来。每一门自然科学课程都要从历史、社会和伦理学的角度回答三个基本问题：本学科的历史和传统是什么？本学科涉及的社会和经济问题是什么？本学科要面对哪些伦理和道德问题？思想政治理论课要将这些问题融入教学中，激发学生的学习兴趣，提高学生灵活运用知识的能力，将学术知识与伦理道德统一起来，有利于大学生健全人格的培养。

　　2.哲学社会科学和自然科学教学要以社会主义核心价值体系为导向

　　高等教育的宗旨是大学生的全面发展，大学生全面发展的方向要靠价值观教育来导航。价值观既是人类认识活动和实践活动的向导，也是人们生活信念、生活追求、道德选择的依据。价值观教育是高等教育的一项重要内容，各门课程的教学都负有引导大学生树立正确价值观的责任。随着我国经济成分的多样化，文化多样化和价值观多样化也已然成为现实，面对各种各样的价值观，大学生产生了诸多迷茫和困惑，不知所措。高等学校有责任和义务教会学生如何在多元价值观中选择和树立正确的价值观，积极健康地生活。专业教师要挖掘专业教学内容中的德育因素，在学科发展史中挖掘德育资源，利用各个环节实施德育。专业教师在传播专业知识的同时，要注意结合学科特点对学生进行思想教育和人生启迪，特别是要对学生进行科学精神和道德精神的教育。大学生学习专业课程不仅仅是学会某门具体的专业知识，更重要的是学习该专业的思想、方法、精神，学习该专业中蕴含的人文价值，将求真与求善相结合。

　　即使在经济全球化和高等教育国际化的今天，教育依然承载着构成民族国家的共同基本要素：文化、历史、民族价值观，高等教育依然肩负着弘扬民族核心价值的重任。任何社会都有自己的核心价值体系，它是社会秩序得以维持和社会系统得以运转的基本精神依托，具有政治引导和思想统摄作用。党的十七大报告中提出，要将社会主义核心价值体系融入国民教育中，增强社会主义意识形态的吸引力和凝聚力，形成全民族奋发向上的精神力量，打牢全党全国各族人民团结奋斗的精神基础。高等教育要树立"先为人，再为学，先育人，再育才"的教育理念，哲学社会科学和自然科学教学只有以社会主义核心价值体系为导向，才能与思想政治理论课教学共同促进大学生自觉坚持社会主义核心价值体系。

参考文献

[1] 任少波等.高校德育共同体[M].杭州：浙江大学出版社，2018.

[2] 白翠红.高校德育思维方式发展研究[M].广州：中山大学出版社，2018.

[3] 桂捷.高校德育与心理健康教育研究[M].沈阳：东北大学出版社，2018.

[4] 刘丽波.新时期高校德育教育创新发展研究[M].石家庄：河北人民出版社，2018.

[5] 王一鸣.新形势下应用型高校德育和创新创业[M].北京：光明日报出版社，2018.

[6] 陈娟.传统文化与高校德育教育工作融合研究[M].北京/西安：世界图书出版公司，2018.

[7] 孔亮.高校德育教育引入传统文化的创新研究[M].北京/西安：世界图书出版公司，2018.

[8] 詹万生.詹万生德育文选 第2卷（1996-2000）[M].北京：首都师范大学出版社，2018.

[9] 周利兴.云南省职业院校德育研究论文集[M].昆明：云南大学出版社，2018.

[10] 崔少博.高校音乐教育研究[M].北京：中国商务出版社，2018.

[11] 刘忠孝，陈桂芝，刘金莹.高校德育论[M].哈尔滨：黑龙江人民出版社，2019.

[12] 李刁."互联网+"时代高校德育实践创新研究[M].武汉：华中师范大学出版社，2019.

[13] 李宝银.高校德育成果文库文明之路福建师范大学文明校园创建纪

实[M]. 北京：光明日报出版社，2019.

[14] 李卫东. 地方院校德育研究 第11辑用习近平新时代中国特色社会主义思想引领高校德育[M]. 武汉：武汉大学出版社，2019.

[15] 朱美燕. 立德树人高校生活德育实践[M]. 上海：上海交通大学出版社，2019.

[16] 陈敦山. 德育与和谐西藏[M]. 广州：中山大学出版社，2019.

[17] 曲华君，罗顺绸，钟晴伟. 德育教育与创新能力发展[M]. 北京：中国财富出版社，2019.

[18] 吴巧慧. 应用型大学德育的创新与实践2018[M]. 北京：北京交通大学出版社，2019.

[19] 吕开东. 新时代高校思想政治教育工作探索[M]. 北京：光明日报出版社，2019.

[20] 顾永新，刘萍丽. 高校思想政治理论课实践教学案例研究[M]. 西安：西北工业大学出版社，2019.

[21] 张斌. 中国传统文化概论[M]. 长春：吉林出版集团股份有限公司，2020.

[22] 许永莉. 中国传统文化概论[M]. 北京：北京工业大学出版社，2020.

[23] 王淑卿. 文化自信视域下传统文化的传承发展研究[M]. 长春：吉林出版集团股份有限公司，2020.

[24] 康丹丹，施悦，马烨军. 高校体育文化建设与大学生体育健康[M]. 长春：吉林人民出版社，2020.

[25] 程艳，丁祥艳. 高校思想政治理论课"听读写说行"教学模式研究[M]. 北京：新华出版社，2020.

[26] 陈建成，朱晓艳. 高校思想政治教育理论与实践研究[M]. 北京：光明日报出版社，2020.

[27] 罗薇. 法治中国与法治文化[M]. 上海：上海社会科学院出版社，2020.

[28] 赵丽. 互联网背景下高校英语教育的创新发展[M]. 长春：吉林人民出版社，2020.

[29] 吴玉程. 新时代高校思想政治工作"三全育人"探索[M]. 北京：知识产权出版社，2020.

[30] 龙献忠，李红革. 中华德文化的现代践行研究[M]. 北京：光明日报出版社，2020.